Angeles

EN MISIÓN

Ángeles
EN MISIÓN

PERRY STONE

CASA
CREACIÓN
A STRANG COMPANY

La mayoría de los productos de Casa Creación están disponibles a un precio con descuento en cantidades de mayoreo para promociones de ventas, ofertas especiales, levantar fondos y atender necesidades educativas. Para más información, escriba a Casa Creación, 600 Rinehart Road, Lake Mary, Florida, 32746; o llame al teléfono (407) 333-7117 en Estados Unidos.

ÁNGELES EN MISIÓN por Perry Stone Jr.
Publicado por Casa Creación
Una compañía de Strang Communications
600 Rinehart Road
Lake Mary, Florida 32746
www.casacreacion.com

A menos que se indique lo contrario, todos los textos bíblicos han sido tomados de la *Santa Biblia*, versión Reina-Valera, revisión 1960. Usada con permiso.

Los textos bíblicos marcados como NVI corresponde a la *Nueva Versión Internacional*. Copyright © 1999 por la Sociedad Bíblica Internacional. Usada con permiso.

Director de arte: Bill Johnson
Diseño de portada: Justin Evans
Traducción y revisión: Pica6

Originally published in the U.S.A. under the title: *Angels on Assignment* by Charisma House, A Strang Company, Lake Mary, Florida, USA.
Copyright © 2009 by Perry Stone Jr.

ISBN 978–1–59979–566-9
Library of Congress Control Number: 2009931878

Impreso en los Estados Unidos de América
10 11 12 13 14 — 7 6 5 4 3 2

Contenido

Introducción

ESCAPE DE LA MUERTE

DURANTE MÁS DE CINCUENTA AÑOS, MI VIDA HA SIDO milagrosamente salvada en varias ocasiones. Cierta noche de 1961, estaba sentado en el asiento delantero del Comet 1960 de Papá, cuando terminando de subir una cuesta chocamos contra otro coche que estaba detenido en el camino con las luces de freno apagadas. El impacto mandó a mi mamá contra el parabrisas, provocó que mi papá doblara el volante sobre la columna de dirección y esto, a su vez, provocó que yo chocara contra el tablero de metal. Mi madre, que se había fracturado la mandíbula y la rodilla, vio mi cuerpo inmóvil bajo el tablero entre cristales rotos y me asió con temor. Ella sospechaba que me había roto el cuello. De pronto, se regocijó cuando me escuchó llorar. Los sonidos rompieron su frío temor de muerte, especialmente cuando se dio cuenta de que yo solamente sollozaba porque se me había salido un zapato por el impacto.

Años después, en 1966, nuestra familia de cinco miembros, sobrevivió a otro accidente cuando una noche mi madre se quedó dormida mientras manejaba y cruzó la línea del centro de la carretera, dirigiéndose a chocar de frente contra un tráiler de dieciocho ruedas. Yo venía dormido en el asiento de atrás y me desperté cuando el automóvil comenzó a deslizarse bruscamente de costado y se detuvo abruptamente del otro lado sobre un montículo. Un árbol sirvió de barricada y evitó que el automóvil se volcara montaña abajo. El conductor del camión dijo: "Vi que su coche venía hacia mí y me estiré para tomar la bengala de emergencia sabiendo que chocaría conmigo de frente; no obstante, algo levantó su auto y lo puso sobre el montículo". Él insinuó, muy acertadamente, que alguien arriba nos estaba cuidando.

Más tarde supe que había sido la oración de intercesión de mi padre lo que evitó la posible tragedia de la muerte de mi familia esa noche. Doce horas antes del accidente, habíamos estado en Ohio en la casa de mi tía Janet. Esa mañana temprano, Papá estaba en la habitación gimiendo atribulado en oración porque sentía que algún tipo de peligro se acercaba ese día. Doce horas después nos salvaríamos por poco. No obstante, al amanecer, estábamos nuevamente en el mismo automóvil dirigiéndonos a casa en Big Stone Gap, Virginia.

Algunos años después, volaba en el asiento izquierdo de la cabina de comando del avión bimotor 421 del ministerio, con mi amigo el piloto Kevin Wright. A mil trescientos pies de altura, y a aproximadamente veinte minutos de aterrizar en Chattanooga, Tennessee, el avión de pronto viró a la izquierda y escuché un sonido parecido al de la falla de un motor de automóvil que se produce cuando se mezcla el combustible con agua. Unos segundos después, sucedió de nuevo y vi que el monitor de pistones frente a mí, mostraba que el motor derecho estaba fuera. ¡Habíamos perdido un motor en el aire! El tiempo se detuvo por algunos segundos, cuando el piloto hizo una llamada de emergencia a la torre de control en Atlanta. Después de ser asesorados, decidimos volar con un solo motor hacia Chattanooga, haciendo aterrizar al avión "cojo" minutos después de medianoche.

Después de aterrizar, le dije al piloto que tenía una fuerte sensación de que alguien estaba orando por nosotros en ese preciso momento.

Cuando regresó a casa, su esposa le dijo: —¿Estás bien?

Y él respondió: —Estoy bien ahora.

Ella le preguntó: —¿Qué sucedió?

Cuando le contó la historia, su esposa Denise comentó: "El Señor me puso una carga, y no he dejado de orar por ti desde que te vi salir de la iglesia temprano para recoger a Perry en Kentucky. Tuve carga desde ese momento y oré continuamente porque sentía que tenías algún tipo de problema".

Al día siguiente le llamé por teléfono a nuestra líder principal de oración Bea Ogle, quien dirige a mil quinientos intercesores que oran por nuestro ministerio. Le pregunté cómo estaba, y dijo que estaba bien. Sin embargo, me dijo que la noche anterior, a las 11:00 p.m., había tenido la impresión de que yo me encontraba en alguna clase de peligro y oró sin cesar hasta cerca de las 12:15 a.m. ¡La falla de nuestro motor había sucedido poco después de las 11:00 p.m., y aterrizamos poco después de las 12:15! Fueron las oraciones de intercesión de Denise y de Bea que nos sostuvieron en el avión esa noche.

> EL PACTO DE MIZPA SOLTARÁ LA AYUDA DE LOS ÁNGELES Y TRAERÁ UN PACTO PROTECTOR ALREDEDOR DE USTED Y DE SUS SERES QUERIDOS.

A lo largo de los años, cuando el espíritu de mi padre se

abrumaba por alguna carga, entraba en oración profunda de intercesión. Siempre se confirmaba después, que había intercedido en contra de algún peligro, ya fuera en la familia o relacionado con un conocido. La oración de intercesión y el aprender a responder a una carga de oración, ha salvado mi vida y la vida de los miembros de nuestra familia en varias ocasiones.

En este libro le enseñaré la importancia de la oración y la intercesión para evitar ataques del enemigo. Pero hay más en este libro. Quiero enseñarle acerca de un pacto único, rara vez enseñado, que hace que Dios suelte ángeles para ayudarlo y forja un pacto protector alrededor de su cónyuge, sus hijos y usted.

Este pacto, llamado el pacto de Mizpa, es uno de los pactos más sorprendentes de las Escrituras y está relacionado con la protección de Dios cuando dos personas están separadas. Acompáñeme en un maravilloso y profundo estudio de la Palabra, de un tema del que nunca escuché que nadie enseñara mientras crecía en la iglesia. Sin embargo, he experimentado personalmente este pacto de bendición y quiero enseñárselo para que usted también pueda experimentarlo.

—PERRY STONE

Capítulo 1

MORAR BAJO LA SOMBRA
DEL OMNIPOTENTE

Ten misericordia de mí; porque en ti ha
confiado mi alma, y en la sombra de tus alas me
ampararé hasta que pasen los quebrantos.

—SALMOS 57:1

NOS ENCONTRAMOS AHORA A FINALES DE LA DÉCADA
de 1970. Imagine que usted tiene un hijo de dieciocho
años cuya tarea consiste en viajar de un estado a otro en automóvil. Algunas veces debe manejar de diez a quince horas
seguidas por ciudades importantes como Atlanta, Birming-
ham, y aun la ciudad de Nueva York. Para llegar a tiempo a
algunos compromisos concertados por adelantado, debe salir
literalmente a las diez de la noche para manejar durante toda
la noche y poder llegar a tiempo a la siguiente reunión. Y,
además, viaja solo.

En esa época no había celulares, dispositivos BlackBerry,
iPhones, mensajes de texto o sistemas GPS, sino solamente
mapas y teléfonos públicos en las tiendas de conveniencia. Algunas veces usted está esperando que su hijo llegue a casa a

las ocho de la mañana después de un viaje de toda la noche, pero llega horas más tarde. Durante esos momentos, usted se pregunta si está en peligro. Si se le reventó un neumático, si el motor tuvo alguna avería o si se le acabó la gasolina en un largo camino rural en las montañas de Virginia Occidental. Es natural que los padres se preocupen.

¿Quién es ese joven muchacho de dieciocho años? Ese muchacho soy yo. Fui llamado al ministerio a los dieciséis, y a los dieciocho comencé a viajar por cinco estados diferentes, manejando a cualquier hora de la noche para ir de una iglesia a otra.

Mi padre, Fred Stone, alguna vez tuvo cabello ondulado y negro azabache. Su cabello se volvió plateado y siempre decía: "Perry, este cabello se volvió blanco por permanecer despierto a toda hora de la noche orando por tu seguridad y protección cuando viajabas por la nación". Puedo confirmar los mismos sentimientos de mi padre ahora que tengo un hijo adolescente.

EL PELIGRO NOS RODEA

La vida es como un largo camino con zonas desconocidas de arenas movedizas y trampas. Cuando una madre envía a su hijo (o una esposa a su esposo) a un campo de batalla en una tierra extranjera, su corazón se detiene cada vez que el canal de noticias que transmite las veinticuatro horas por cable interrumpe su programación para mostrar un bombardeo o un ataque suicida en la misma zona en la que el hijo (o el esposo) soldado está emplazado. Ha llegado a suceder que algunos de los niños enviados a la escuela pública por la mañana no regresen a casa en la tarde a causa de que adultos seductores malvados con una mentalidad perversa se aprovecharon de su inocencia. Lo menos esperado incluso ocurre en las universidades cuando un estudiante mentalmente inestable le apunta con un arma a sus compañeros por rabia u odio. El trabajo por turnos divide el tiempo de calidad de las familias, obligando a que la esposa o el esposo trabajen en una fábrica hasta tarde, a menudo en lugares peligrosos de la ciudad.

En realidad, necesitamos protección continua, en casa, en el trabajo, en el camino y básicamente las veinticuatro horas del día.

Hay muchos textos bíblicos que indican que Dios *puede* y *va* a protegernos. Una de las palabras comunes que indica el plan protector de Dios es la palabra *guardar*. Antiguamente cuando el sumo sacerdote judío daba la bendición sacerdotal a la gente, decía: "El Señor te bendiga y te guarde" (Números 4:24). La palabra hebrea para guardar es *shamar* y significa constreñir, vigilar y proteger. Uno de los pasajes más importantes de la Escritura y uno de mis favoritos, es el Salmo 91. Lo llamo el salmo de la protección divina:

> El que habita al abrigo del Altísimo morará bajo la sombra del Omnipotente. Diré yo a Jehová: Esperanza mía y castillo mío; mi Dios en quién confiaré. Él te librará del lazo del cazador, de la peste destructora. Con sus plumas te cubrirá, y debajo de sus alas estarás seguro; escudo y adarga es su verdad. No temerás el terror nocturno, ni saeta que vuele de día, ni pestilencia que ande en la oscuridad, ni mortandad que en medio del día destruya. Caerán a tu lado mil, y diez mil a tu diestra; mas a ti no llegará. Ciertamente con tus ojos mirarás y verás la recompensa de los impíos. Porque has puesto a Jehová, que es mi esperanza,

al Altísimo por tu habitación, no te sobrevendrá mal, ni plaga tocará tu morada. Pues a sus ángeles mandará acerca de ti, que te guarden en todos tus caminos, en las manos te llevarán, para que tu pie no tropiece en piedra. Sobre el león y el áspid pisarás; hollarás al cachorro del león y al dragón. Por cuanto en mí ha puesto su amor, yo también lo libraré; lo pondré en alto, por cuanto ha conocido mi nombre. Me invocará y yo le responderé; con él estaré yo en la angustia; lo libraré y le glorificaré, lo saciaré de larga vida, y le mostraré mi salvación.

SALMOS 91:1-16

Este poderoso pasaje comienza en el primer versículo con cuatro nombres hebreos diferentes para Dios:

- El Altísimo – *El Elyon*
- El Omnipotente – *El Shaddai*
- Jehová – *YHVH*
- Mi Dios – *El*

Estos cuatro nombres hebreos revelan la suma total de quien es Dios y de lo que puede ser en la vida de una persona. Él es el Dios de pactos (*YHVH*), el proveedor de nuestras necesidades (*El Shaddai*), el único Dios (*El Elyon*), y el Fuerte (*El*). El escritor de este salmo, que se cree que fue Moisés, está revelando los nombres de Dios que fueron revelados en los primeros cinco libros de la Biblia, llamados la Torá. De hecho, desde el tiempo de Adán hasta el tiempo de Moisés, Dios solamente le había revelado algunos nombres a su pueblo. Después de que Moisés fue a Egipto, Dios le reveló un nuevo nombre que los hebreos jamás habían escuchado:

> Habló todavía Dios a Moisés, y le dijo: Yo soy
> JEHOVÁ. Y aparecí a Abraham, a Isaac y a Jacob como
> Dios Omnipotente, mas en mi nombre JEHOVÁ no me
> di a conocer a ellos.
>
> —ÉXODO 6:2-3

Este nombre, que en la versión Reina-Valera de la Biblia
se escribe como "Jehová", en hebreo es de hecho un nombre
llamado tetragrámaton (que significa palabra de cuatro letras)
y se identifica como el nombre sagrado de Dios. Se deletrea con
las cuatro letras hebreas: *iud*, *hey*, *vav*, *hei* (*YHVH*). Dicho
nombre, en el Antiguo Testamento, en la versión Reina-Valera
1960, se ha traducido 5,833 veces como "Jehová" y "Jehová
Dios". Se considera tan sagrado, que de hecho, solamente se
le permitía pronunciarlo al sumo sacerdote. Hoy en día, en
una sinagoga, cuando se leen los pergaminos y los oradores
se encuentran con este nombre de cuatro letras, no intentan
pronunciarlo porque el nombre es sagrado y no conocen la
pronunciación verdadera, sino que lo reemplazan por "Adonai", otro de los nombres de Dios.

En el salmo 91, Moisés habla acerca del "abrigo del Altísimo" y de morar "bajo la sombra del Omnipotente". Durante
muchos años no estaba seguro del significado de "abrigo"
ni de "sombra". Después de hablar con algunos rabinos en
Jerusalén y de investigar, creo que puedo compartir algunos
conocimientos interesantes.

En el tiempo de Moisés, el "abrigo" era el lugar santísimo en
el tabernáculo de Moisés. Era tan secreto que solamente se le
permitía al sumo sacerdote entrar a la cámara una vez al año,
en el Día de la Expiación, para hacer expiación por el pecado
(Levítico 16:23,27-28). Estaba estrictamente prohibido para

cualquier persona ir más allá del largo velo hecho a mano que separaba el lugar santo del lugar santísimo. El lugar santísimo albergaba la sagrada arca del pacto, la caja de oro que contenía una urna de oro de maná, la vara de Aarón y las tablas de la Ley, este era el abrigo de Dios.

LA SOMBRA DEL OMNIPOTENTE

El significado de la "sombra del Omnipotente" necesita un estudio más profundo. Existen cinco pasajes, entre ellos el Salmo 91, que mencionan la sombra de las alas de Dios. Cuatro de los cinco pasajes se mencionan a continuación:

> Guárdame como a la niña de tus ojos; escóndeme bajo la sombra de tus alas.
>
> —SALMOS 17:8

> ¡Cuán preciosa, oh Dios, es tu misericordia! Por eso los hijos de los hombres se amparan bajo la sombra de tus alas.
>
> —SALMOS 36:7

> Ten misericordia de mí, oh Dios, ten misericordia de mí; porque en ti ha confiado mi alma, y en la sombra de tus alas me ampararé. Hasta que pasen los quebrantos.
>
> —SALMOS 57:1

> Porque has sido mi socorro, y así en la sombra de tus alas me regocijaré.
>
> —SALMOS 63:7

Para entender la sombra de las alas de Dios, debemos regresar al tiempo de David. Moisés y sus constructores levantaron una gran tienda hecha con vigas de madera y pieles de animales, llamada el *tabernáculo*, y la erigieron en el desierto durante casi cuarenta años (vea Éxodo 26). Después de que Josué poseyó la Tierra Prometida, montaron la tienda en Israel en el área de Silo (1 Samuel 1-3). Cientos de años después de Josué, David deseaba que la presencia de Dios morara en Jerusalén, por lo tanto, personalmente, hizo que el arca del pacto fuera llevada del tabernáculo de Moisés a la ciudad de Jerusalén (2 Samuel 6). David preparó una tienda especial para el arca del pacto, y dentro de ella estableció alabanzas, cantos y oraciones continuos las veinticuatro horas del día. Esta tienda especial se llamaba el tabernáculo de David.

> Hizo David también casas para sí en la ciudad de David, y arregló un lugar para el arca de Dios, y le levantó una tienda.
>
> —1 Crónicas 15:1

> Así trajeron el arca de Dios, y la pusieron en medio de la tienda que David había levantado para ella; y ofrecieron holocaustos y sacrificios de paz delante de Dios.
>
> —1 Crónicas 16:1

El arca de oro no solamente permaneció en Jerusalén en la tienda de David, sino que el rey también organizó y designó numerosos músicos y cantores para ministrar delante el arca, entre ellos había escribas para que registraran y escribieran las palabras inspiradas que se hablaran cuando la gente adorara cerca del arca:

> Y puso delante del arca de Jehová ministros de los levitas, para que recordasen y confesasen y loasen a

Jehová Dios de Israel: Asaf el primero; el segundo después
de él, Zacarías; Jeiel, Semiramot, Jehiel, Matatías, Eliab,
Benaía, Obed-edom y Jeiel, con sus instrumentos de salte-
rios y arpas; pero Asaf sonaba los címbalos. También los
sacerdotes de Benaía y Jahaziel sonaban continuamente
las trompetas delante del arca del pacto de Dios.
—1 CRÓNICAS 16:4-6

Después de investigar más detalles relacionados con el arca
del pacto y de conocer más acerca del tabernáculo de David,
entendí que el misterio de *la sombra de Dios* estaba relacionado de alguna manera con algo que entendió David sobre el
arca y el tabernáculo que le construyó.

El arca era una caja hecha de madera de acacia, cubierta de
oro puro por dentro y por fuera. Tenía una tapa pesada de oro
sólido llamada "propiciatorio" y dos querubines de oro, labra-
dos a martillo de hojas de oro, colocados sobre el propiciatorio
lo cubrían con sus alas, y tenían el rostro dirigido hacia él
(Éxodo 25:10-22).

El tabernáculo de David era diferente de la tienda sagrada
de Moisés. El tabernáculo de Moisés tenía tres cámaras santas:
el atrio, el lugar santo y el lugar santísimo. El lugar santísimo
era el lugar que albergaba el arca del pacto. En el tabernáculo
de Moisés, solamente se le permitía al sumo sacerdote entrar
al lugar santísimo una vez al año en el Día de la Expiación
para rociar sangre en el propiciatorio del arca. Sin embargo, en
el tabernáculo de David, los fieles podían acercarse al arca y
adorar libremente.

Las únicas *alas* relacionadas con la presencia de Dios son
las alas de los querubines que están sobre el propiciatorio del

arca. ¿Cómo es que estas alas pueden convertirse en *la sombra de Dios*?

En 1988 hablé con un rabino canadiense en Jerusalén, y le di mi teoría de "la sombra del Omnipotente". Es muy probable que el tabernáculo de David tuviera la forma de un gran cuadro o quizá de un rectángulo hecho de pieles de animales, similar al tabernáculo de Moisés. El arca estaría sobre una base de piedra caliza, que es el tipo de roca que hay debajo de los cerros en Jerusalén y sus alrededores. La tienda estaría cubierta para evitar que los elementos naturales dañaran el arca. En el clima templado y soleado, la cubierta se enrollaría y la luz del sol se proyectaría en las alas de los querubines de oro en el propiciatorio, formando una sombra en la tierra. Esto sería la "sombra del Omnipotente" y la "sombra de Sus alas". David sabía que solamente los levitas podían mover físicamente el arca del pacto. Sin embargo, durante la adoración dentro del tabernáculo una persona podía arrodillarse en la sombra del arca, cuando se proyectaba en el piso por la luz del sol. Cuando le presenté al rabino estas teorías, dijo que mi concepto podría haber sido correcto.

El escritor inspirado de los cuatro pasajes de Salmos entendió que una vez que él o cualquiera pudiera entrar en la sombra de la presencia de Dios, allí habría protección ilimitada de los conflictos humanos o espirituales que lo rodearan. Si tuviéramos que comparar el hecho físico de estar bajo la sombra de Dios en estos tiempos, diríamos que hoy estas personas estarían teniendo un *tiempo de intimidad* en la presencia del Señor por medio de la oración o la alabanza.

El arca del pacto ya no está en el tabernáculo de Moisés, ni en la tienda de David y mucho menos en el templo de Salomón. Si quedó perdida en el tiempo, fue robada por ejércitos invasores o si se encuentra escondida debajo del Monte del Templo, el hombre nunca lo sabrá realmente. Sin embargo, el propósito del arca era dar una imagen de la futura expiación por medio del Mesías.

Desde los tiempos de Moisés, había tres artículos sagrados dentro del arca del pacto: una urna de oro que contenía maná, las tablas de piedra de la Ley de Dios y la vara de Aarón que reverdeció y produjo almendras (Hebreos 9:4). Cada artículo era una imagen profética de una bendición espiritual que sería impartida a los creyentes bajo el nuevo pacto. Cristo dijo que Él era el "pan que descendió del cielo" (Juan 6:41); por lo tanto, el maná en el desierto que sostuvo a la nación era un anticipo del pan viviente que traería el regalo de la vida eterna a todo el que comiere Su carne y bebiere Su sangre (Juan 6:53-58). Después de la conversión, la persona aprende a vivir por la Palabra de Dios.

> ASÍ COMO LA VARA DE AARÓN REVERDECIÓ Y PRODUJO FRUTO, UN CREYENTE QUE RECIBE AL ESPÍRITU SANTO TAMBIÉN PRODUCIRÁ FRUTO EN SU VIDA ESPIRITUAL.

Cristo dijo que el hombre "vive de toda palabra que sale de la boca de Dios" (Mateo 4:4). Las tablas de la ley en el arca del pacto eran la Ley (o la Palabra) de Dios escrita en piedra. El tercer artículo en el arca era la vara de Aarón. Esa rama muerta en las manos del hombre de Dios era el instrumento usado para hacer milagros (Éxodo 7:12). La vara era la imagen del poder del Espíritu Santo, que moraría en el creyente.

El arca que descansaba sobre el piso de piedra del lugar santísimo, es una imagen de Cristo mismo. Él es el maná viviente, la Palabra hecha carne (Juan 1:14), quien envió al Espíritu Santo con sus nueve dones y nueve frutos para habitar en nosotros, su templo. Así como la vara de Aarón reverdeció y produjo fruto, un creyente que recibe al Espíritu Santo también producirá fruto espiritual en su vida (Juan 15:2-8).

Nosotros recibimos y disfrutamos nuestras bendiciones espirituales cuando entramos a la presencia de Dios. Sin embargo, nuestras bendiciones a menudo vienen acompañadas de batallas, y nuestras batallas a menudo proceden de avances espirituales. Por lo tanto, existe un misterio asociado con la razón por la cual los justos sufren y el propósito de las luchas, los conflictos y las batallas en nuestra vida.

Capítulo 2

CUANDO A LA GENTE BUENA LE SUCEDEN COSAS MALAS

> Entonces salió Satanás de la presencia de Jehová,
> e hirió a Job con una sarna maligna desde la
> planta del pie hasta la coronilla de la cabeza.
>
> —JOB 2:7

UNO DE LOS MISTERIOS MÁS DESCONCERTANTES DE LA vida es por qué le pasan cosas malas a la gente buena. Todos hemos escuchado historias de cómo el adolescente más entregado de la iglesia muere repentinamente en un accidente automovilístico, o de cómo una hermosa y joven madre de tres niños enferma de cáncer y muere de pronto, dejando a sus hijos para ser educados por sus cariñosos familiares. Por qué sufre el justo, siempre ha sido un enigma.

Jesús nos dijo que "hace llover sobre justos e injustos" (Mateo 5:45). Esta afirmación alude al hecho de que las tormentas vienen tanto sobre los justos como los injustos. Job dijo: "El hombre nacido de mujer, corto de días y hastiado de sinsabores [...] Pero como las chispas se levantan para volar por el aire, así el hombre nace para la aflicción" (Job 14:1; 5:7).

CÓMO EVITAR LO MALO

No hay ninguna razón o explicación definida acerca de la razón por la que pasan cosas malas. Sin embargo, después de estar en el ministerio durante varios años, he podido realizar algunas observaciones de lo que, a veces, puede ayudar a *evitar* que lo malo suceda:

1. Evite tomar malas decisiones.

Tomar un atajo que cruce una parte peligrosa de la ciudad en la noche no es una decisión sabia. Dejar su billetera o su cartera en el asiento del coche mientras se baja a usar el servicio en una pequeña tienda es imprudente. Podar el césped utilizando un tractor en una colina empinada podría asesinarlo (esto le provocó lesiones y le quitó la vida a varias personas que yo conocía personalmente). Los cinturones de seguridad no existen solamente para admirarlos cuando se sienta en el asiento del automóvil. El cañón de un arma no es un pequeño telescopio a través del cual se puede mirar, y conducir en estado de ebriedad puede provocar que su nombre quede escrito en la pizarra de la funeraria. Cuando las personas toman decisiones poco prudentes, pueden estar abriendo la puerta a dificultades y tragedias.

2. No deseche el sentido común.

Hace años, un pastor reconocido, con una iglesia de mil miembros, estaba ministrando en Kentucky. Decidió regresar a Ohio la noche del sábado para estar presente en su servicio regular matutino del domingo. Él y sus dos hijos regresarían en un pequeño avión. El clima era muy malo y varias personas le aconsejaron no hacer el viaje porque era muy peligroso. Él hizo caso omiso de los conejos y de las señales de advertencia, y poco después de despegar, el avión se estrelló contra unos árboles. *Su deseo personal fue más poderoso que su sentido común.* Cuando varias personas nos aconsejan no hacer algo, es sabio poner atención ya que "en la multitud de consejeros está la victoria" (Proverbios 24:6).

3. Realice su trabajo adecuadamente.

Hace algunos años, mi esposa, Pam, y yo estábamos disfrutando la cena del domingo en el Holiday Inn de Cleveland, Tennessee, con uno de nuestros hijos espirituales, un convertido llamado Wayne McDaniel. Después de la cena, me fui en mi camioneta y él en la suya. Tomé el camino hacia la izquierda, y él se siguió derecho. Cinco minutos después, escuché a los camiones de bomberos y las ambulancias pasando rápidamente a nuestro lado en dirección al lugar de donde veníamos. Le dije a Pam: "No vi que hubiera un accidente. ¿Hacia dónde se dirigen?". Treinta minutos después recibí una llamada diciendo que Wayne se había quedado sin frenos y que había perdido el control de su camioneta, la cual se volcó sobre la barrera de seguridad y aterrizó entre los árboles. Cerca de cuarenta y ocho horas después, falleció en la unidad de terapia intensiva.

De camino hacia el hospital, recordé un breve comentario que él había hecho días antes; dijo: "Mis frenos están fallando, necesito arreglarlos. Se siente como si se fueran a patinar". Posiblemente lo olvidó o no tomó el tiempo para reparar el problema. Los frenos descompuestos son como un cable eléctrico suelto en una casa, algo malo puede pasar si no se reparan o se cambian. El accidente de Wayne me recordó una Escritura en Eclesiastés 7:17: "No hagas mucho mal, ni seas insensato; ¿por qué habrás de morir antes de tu tiempo?".

Podría pasar más tiempo dando razones de por qué pueden suceder cosas malas; sin embargo, preferiría compartir la manera de evitar que sucedan tales cosas. No hay duda de que si usted y yo no estuviéramos protegidos de alguna manera por la mano de Dios, ya hubiéramos pasado a la eternidad. Mi vida ha sido salvada de accidentes automovilísticos en tres ocasiones. ¿Fue por azar? No, fue por la oración.

4. No esté en el lugar equivocado con la gente equivocada en el momento equivocado.

Dime con quién andas y te diré quién eres. Muchos adolescentes se involucran en situaciones peligrosas de vida o muerte, especialmente con las drogas y el alcohol, porque sus amigos, como imanes, los atraen al pecado. Muchos adolescentes han estado con las personas equivocadas en el lugar equivocado y en el momento equivocado y han sufrido una terrible consecuencia, incluso la muerte prematura. Salomón escribió: "Hijo mío, si los pecadores te quisieren engañar, no consientas" (Proverbios 1:10).

Todos los ejemplos anteriores, fueron consecuencia de que las personas no pusieron atención, no escucharon o no siguieron la sabiduría. Muchas veces en la vida, no tenemos control sobre algunas circunstancias. Por ejemplo, tengo amigos que estando en el banco cobrando un cheque, de pronto un ladrón armado entró en las instalaciones agitando un arma de fuego y ordenando con gritos que todos se tiraran al suelo. Algunos otros han sido golpeados en un costado del automóvil gracias a que un descuidado conductor pasó como un dardo ignorando el semáforo en rojo. Las casas de algunos creyentes han quedado reducidas a montones de leña por huracanes que las han destruido, arrebatando las paredes de sus marcos de madera como si fueran mondadientes. En estos y otros innumerables ejemplos, los creyentes se sienten impotentes para defender a sus familias o a ellos mismos. Por esto, necesitamos conocer y entender la capacidad de Dios, su disposición y sus promesas para proteger a su pueblo.

EL PACTO DE PROTECCIÓN

Existen varios pactos en las Escrituras que fueron ratificados con una sola persona; no obstante, su impacto sigue siendo real en la actualidad.

Dios hizo un pacto con Noé después del diluvio universal, de no destruir más el planeta con agua (Génesis 9:13-15). Como una señal permanente para la humanidad, Dios puso el arco iris en el cielo. Cada vez que llueve mientras el sol brilla, el reflejo forma un hermoso arco iris multicolor que más de cuatro mil años después le sigue recordando a la humanidad la *señal* de la promesa de Dios a Noé y a las futuras generaciones.

Existe otro pacto hecho con Abraham. Dios le prometió a los hijos de Abraham, los judíos, que ellos heredarían la tierra de Israel para siempre (Génesis 13:15). Mil novecientos años después de su dispersión, Israel renació como nación en 1948 y la simiente natural de Abraham, el pueblo judío, regresó de los cuatro rincones de la tierra a su patria.

Durante muchos años he enseñado sobre los pactos de la Biblia, enfatizando el nuevo pacto que fue ratificado con la sangre de Cristo. Después de varios años de leer e investigar las Escrituras, descubrí que había un pacto hecho entre un suegro y su yerno en el Antiguo Testamento del que yo tenía conocimiento, pero que nunca lo había identificado como el patrón de un pacto práctico para los creyentes hasta que hice una investigación detallada. Se llama *el pacto de Mizpa*.

Capítulo 3

MIZPA: UN PACTO DE PROTECCIÓN

> Entonces Jacob tomó una piedra, y la levantó
> por señal [...] Porque Labán dijo: Este majano
> es testigo hoy entre nosotros dos; por eso fue
> llamado su nombre Galaad; y Mizpa, por cuanto
> dijo: Atalaye Jehová entre tú y yo, cuando nos
> apartemos el uno del otro. Si afligieres a mis
> hijas, o si tomares otras mujeres además de mis
> hijas, nadie está con nosotros; mira, Dios es
> testigo entre nosotros dos.
>
> —GÉNESIS 31:45, 48-50

ES POSIBLE QUE PIENSE QUE SU FAMILIA O UNA FAMILIA
que conoce tiene algunos genes disfuncionales escondidos
en su ADN, que de vez en cuando corren por la sangre de
unos cuantos parientes. De ser así, usted tiene algo en común
con los pueblos antiguos de la Biblia. De niño, me asombra-
ban las historias de la Biblia y, a menudo, imaginaba que estas
familias estaban formadas por personas santas e intachables, a
quienes nadie les llegaba ni a los talones. Sin embargo, cuando
crecí y leí el resto de la historia me di cuenta de la extrema

falibilidad de muchos de los que amaban a Dios con su corazón, pero que fallaron en su caminar.

LAS FAMILIAS DISFUNCIONALES ORIGINALES

Tomemos a Noé como ejemplo. Él fue el héroe del Diluvio. Le tomó cien años construir un zoológico flotante y se salvó de hundirse en el agua sucia junto con siete miembros de su familia. Creo que después del Diluvio, Noé decidió que ciento cincuenta días de estar encerrado con animales apestosos había sido suficiente, así que plantó una viña, se embriagó, se desnudó y terminó maldiciendo a su nieto Canaán (Génesis 9:20-27).

Lot era considerado un hombre recto (2 Pedro 2:7-8). Sin embargo, cuando los sodomitas intentaron derribar la puerta de la casa de Lot para "conocer" a los dos extranjeros que Lot había hospedado (que en realidad eran ángeles), le ofreció sus dos hijas al grupo de hombres torcidos y pervertidos. Más tarde, después de huir de la ciudad en llamas, de igual manera se embriagó y tuvo relaciones con sus hijas, las cuales dieron a luz, cada una, un hijo de su propio padre (Génesis 19:35-38).

Por otro lado, tenemos a Sansón, que no se pudo resistir a la "*peluquería*" de Dalila y continuó visitando a los filisteos que vivían al "*otro lado del camino*". Finalmente, Dalila le cortó el cabello rompiendo así su voto de nazareo, lo que le costó la unción, la vista y su fuerza (Jueces 16:6-28). Sansón pudo arrancar de sus quiciales las puertas de una ciudad, atar trescientas zorras cola con cola y usar una quijada de asno para dar muerte a mil filisteos; sin embargo, la seducción de una mujer bonita le causó un daño mayor que mil filisteos.

Todos conocemos al David que mató leones, osos y gigantes,

pero, ¿qué hay acerca del David mirón? Él estaba sobre el terrado y vio a una mujer que se estaba bañando. Esta no era cualquier mujer; era la esposa de uno de los valientes de David llamado Urías. El rey tuvo una aventura, la mujer se embarazó de David, y él mandó asesinar al esposo en una batalla para esconder su pecado (2 Samuel 11). Resulta increíble considerar que David tuvo la fuerza para matar un oso, un león y a un gigante, pero fue débil cuando una mujer bonita cruzó por su camino.

EL FUGITIVO ORIGINAL

Hay muchas historias más, pero por ahora concentraremos nuestra atención en Jacob, el hijo de Isaac. Rebeca, la esposa de Isaac, concibió gemelos tan opuestos como lo es el Polo Norte del Polo Sur. Esaú era un cazador, un maloliente amante de las actividades al aire libre cuyos brazos estaban cubiertos de vello grueso y rubio. Su hermano, Jacob, era el consentido de mamá y parecía gustarle estar en la cocina. Como el primogénito, Esaú tenía derecho tanto la primogenitura como a la bendición (Génesis 27:36).

> COMO PUEBLO DEL PACTO DE DIOS, EXISTE UN PACTO DE PROTECCIÓN QUE PUEDE VINCULAR LA PROTECCIÓN ANGELICAL DE DIOS CON SU VIDA Y LA VIDA DE SUS SERES QUERIDOS.

En un momento de hambre y debilidad, Esaú le vendió su primogenitura a Jacob por un plato de lentejas (Génesis 25:30-34). Años después, Jacob engañó a su padre, que ya era casi ciego, para que lo bendijera a él, en lugar de a su hermano mayor Esaú. En los días de los patriarcas, la bendición del padre se consideraba el acto final antes de su muerte. La bendición profética que el padre pronunciaba sobre los hijos solía cumplirse, ya que la familia guardaba memoria de sus palabras y eran cumplidas por el Señor.

Cuando Esaú descubrió que su hermano menor Jacob había perturbado el orden divino, y que había recibido la bendición de Isaac, ¡se enfureció! Sin duda, su presión sanguínea se elevó hasta el techo, y tenía fuego en los ojos. Rebeca le ordenó a Jacob marcharse por *algunos días* e ir a la casa de su tío Labán en Siria hasta que se le bajara el coraje a Esaú (Génesis 27:44). Mamá no sabía que esos pocos días se convertirían en años, antes de que Jacob regresara a casa.

LA BENDICIÓN SIGUIÓ A JACOB

En lo que concierne a riquezas materiales, parece que Jacob se marchó de casa con pocas cosas o nada, y llegó por fin a Siria, a casa de su tío Labán. El negocio comenzó a mejorar, cuando Jacob vio a Raquel, una de las dos hijas de Labán. Fue amor a primera vista y Jacob aceptó trabajar siete años para tenerla por mujer. Después de siete años de arduo trabajo, lo hicieron pagar la broma y tomar una cucharada de su propia medicina, porque Labán lo engañó. En lugar de darle a su hija Raquel, le dio a Lea (Génesis 29:25).

Después de aceptar trabajar siete años más por Raquel, Jacob cumplió su compromiso y finalmente se casó con la mujer de sus sueños, ¡después de catorce años de trabajo! Aunque el salario de Jacob cambió diez veces y trabajó de sol a sombra durante veinte años, Dios lo prosperó por la bendición que su padre había pronunciado sobre él veinte años antes (Génesis

31:7). Labán sabía que sobre su yerno Jacob había una bendición especial, así como el favor de Dios .

TIEMPO DE ESCAPAR DE "PAPÁ"

Después de veinte años, Jacob sabía que era tiempo de regresar a la Tierra Prometida. En secreto, Jacob tomó a sus dos esposas, Raquel y Lea, a sus once hijos, a sus criadas, a sus sirvientes y una gran manada de animales y dejó la casa de Labán en Siria para regresar con este gran séquito a su tierra.

Días después, le hicieron saber a Labán que Jacob, sus hijas, sus nietos y los animales se habían ido. Tomó un grupo de sirvientes y fue tras Jacob con la intención de hacerle daño. Dios se le apareció al enojado padre y suegro, y le dijo que no hablara con Jacob descomedidamente:

> Y al tercer día fue dicho a Labán que Jacob había huido. Entonces Labán tomó a sus parientes consigo, y fue tras Jacob camino de siete días, y le alcanzó en el monte de Galaad. Y vino Dios a Labán arameo en sueños aquella noche, y le dijo: Guárdate que no hables a Jacob descomedidamente.
>
> —GÉNESIS 31:22-24

Esta advertencia pudo haber salvado la vida de Jacob. Cuando un padre cree que su hija está siendo abusada, maltratada o amenazada, el gato se convierte en león, y a las personas que les están haciendo daño mejor les fuera salir corriendo o prepararse para la ira de Papá. Labán se apresuró y persiguió a Jacob, alcanzándolo a él y al grupo:

Alcanzó, pues, Labán a Jacob; y éste había fijado su tienda en el monte; y Labán acampó con sus parientes en el monte de Galaad. Y dijo Labán a Jacob: ¿Qué has hecho, que me engañaste, y has traído a mis hijas como prisioneras de guerra? ¿Por qué te escondiste para huir, y me engañaste, y no me lo hiciste saber para que yo te despidiera con alegría y con cantares, con tamborín y arpa? Pues ni aun me dejaste besar a mis hijos y mis hijas. Ahora, locamente has hecho.

—GÉNESIS 31:25-28

LOS PADRES AMAN A SUS PEQUEÑAS

Es probable que sea difícil entender los sentimientos de enojo y aflicción de Labán, a menos que nos pongamos en sus zapatos. ¡Imagínese que su yerno trabaje como gerente general de su negocio, haciéndolo prosperar abundantemente, criando a once de sus nietos, y de pronto un día usted despierta y se entera de que su yerno se ha llevado a sus hijas, a sus nietos y una porción de su riqueza a un país vecino! Una cosa es que un joven se marche lejos de regreso a casa, pero cuando además se lleva consigo a dos jovencitas, el padre de ellas explota como lava volcánica en erupción.

Este es el escenario en el que se estableció un pacto único entre Labán y Jacob. El estudio de este pacto es uno de los más fascinantes, y vincula la protección angelical de Dios para el pueblo de su pacto.

Capítulo 4

MIZPA Y EL ÁNGEL DEL PACTO

Dijo más Labán a Jacob: He aquí este majano,
y he aquí esta señal, que he erigido entre tú y
yo. Testigo sea este majano, y testigo sea esta
señal, que ni yo pasaré de este majano contra
ti, ni tú pasarás de este majano ni de esta señal
contra mí, para mal. El Dios de Abraham y el
Dios de Nacor juzgue entre nosotros, el Dios
de sus padres. Y Jacob juró por aquel a quien
temía Isaac su padre.

—GÉNESIS 31:51-53

LA PALABRA HEBREA PARA PACTO ES *B'RITH*, Y SE REFIERE
a realizar un corte para hacer un acuerdo entre dos partes.
A lo largo del Antiguo Testamento, los numerosos pactos regis-
trados implicaban alguna forma de ofrenda de derramamiento
sangre, un sacrificio o una vianda de pacto para sellar el trato.

- Noé edificó un altar después del diluvio y ofre-
  ció un sacrificio (Génesis 8:20).
- Abraham edificó un altar y ofreció un sacrificio
  (Génesis 12:7).

- ■ Jacob edificó altares y ofreció sacrificios (Génesis 35:6-7).
- ■ David edificó un altar para detener una plaga y ofreció un sacrificio (2 Samuel 24:25).

Labán estaba preocupado por la seguridad de sus dos hijas. Él sabía que Jacob solía tener una personalidad embustera y mañosa. En los orígenes de la cultura cananea, era común que un hombre tuviera varias esposas. Labán hizo un pacto con Jacob y le dijo que el Señor estaría vigilándolo a él y a sus hijas cuando se apartaran. Le advirtió a Jacob que no maltratara a sus dos hijas y que no se casara con ninguna otra mujer.

Los pactos a menudo se establecían en un altar, o se construía un altar después de un pacto para hacer un sacrificio después. No hay registro de la edificación de un altar después de que Labán y Jacob entraron en pacto entre sí; pero donde comieron erigieron un *montículo de piedras* (llamado majano) y un gran pilar de piedra como señal y monumento permanente. El pilar se convirtió en un límite entre Jacob y Labán.

Jacob llevó a cabo el procedimiento normal de cuando se ratificaba un pacto:

> Entonces Jacob inmoló víctimas en el monte, y llamó a sus hermanos a comer pan; y comieron pan, y durmieron aquella noche en el monte.
>
> —GÉNESIS 31:54

Este acuerdo entre suegro y yerno revela todos los rasgos importantes que eran parte de los antiguos pactos hebreos:

1. El acuerdo se hace entre las dos partes.

2. Se hace un sacrificio de sangre sobre el altar.

3. Se toma una comida especial de pacto.

4. Se erige un altar, un monumento de piedra o
   un pilar como memorial.

El montículo de piedras vino a ser como un "testigo" o un testimonio visible entre Jacob y sus futuras generaciones, y los descendientes futuros de Labán. Se estableció para que ningún grupo dañara al otro.

> Porque Labán dijo: Este majano es testigo hoy entre nosotros dos; por eso fue llamado su nombre Galaad; y Mizpa, por cuanto dijo: Atalaye Jehová entre tú y yo, cuando nos apartemos el uno del otro.
>
> —GÉNESIS 31:48-49

Las propiedades de Labán en Siria estaban lejos de la casa de Jacob en Canaán. No había celulares, mensajes de texto, servicio de Internet, tecnología de Blackberry o facsímiles. La única manera de mantenerse al tanto de la vida de sus hijas y nietos era mandando a un mensajero a lo largo de kilómetros de montañas, por senderos polvorientos, o hacer el viaje durante varios días uno mismo, ¡y llegar sin avisar! Sin embargo, Labán sabía que los ojos del Señor estaban abiertos constantemente y que Él podía ver continuamente a Jacob y a la familia. Labán dijo que el Señor "atalaye entre tú y yo". Existen varias palabras hebreas que se traducen como *atalaye* en la versión en español del Antiguo Testamento. Algunas significan simplemente "vigilar, cuidar o proteger". Esta palabra hebrea para *atalaye* es *tsaphah,* que expresa inclinarse hacia adelante para mirar en la distancia. Cuando una persona se inclina para ver en la distancia, esa persona está interesada en lo que está sucediendo en ese momento. El pacto de Mizpa le pide a Dios que se incline y vea en la distancia entre Labán y Jacob y proteja a la familia del peligro.

¿QUÉ ES MIZPA?

De acuerdo con la *Enciclopedia Judía*, la palabra *Mizpa* (también *Mizpe*), es una "torre del vigía" o, como diríamos en el habla moderna, un "puesto de vigilancia". El nombre Mizpa aparece por primera vez en la historia de Jacob. La zona se convirtió más tarde en una ciudad que pertenecía a la tribu de Benjamín (Josué 18:26). A lo largo de la historia más antigua de Israel el nombre Mizpa aparece algunas veces en las Escrituras, y sucedieron muchos acontecimientos en esta zona:

- Los israelitas se reunieron en Mizpa para castigar a los hombres de Benjamín por su pecado (Jueces 20-21).
- El profeta Samuel organizó a Israel para pelear contra los filisteos en Mizpa (1 Samuel 7:5).
- La zona fue fortificada bajo mandato del rey Asa (1 Reyes 15:22).
- Mizpa era la capital de la tribu de Judá cuando cayó Jerusalén (2 Reyes 25:22-26).

Según la *Enciclopedia Judía,* W. F. Bade excavó el emplazamiento tradicional de Mizpa de 1926 a 1932, y se encuentra aproximadamente a trece kilómetros al norte de Jerusalén. La cercanía entre Mizpa y Jerusalén es importante por varias razones. Jacob regresó a la Tierra Prometida después de veinte años de estar en Siria. La frontera de Siria tendría que haber estado al norte de Canaán, cerca de lo que hoy es el Líbano, y al este, limitaría con Edom y Moab, lo que hoy es el país de Jordania. Cuando Labán alcanzó a Jacob, estaba a aproximadamente trece kilómetros de lo que algún día sería Jerusalén. Esto es interesante al considerar que para que una persona viaje de Siria a Jerusalén, tiene que pasar por *muchos inconvenientes*. La ciudad se eleva a setecientos sesenta y dos metros de altura y está rodeada por montañas escarpadas. Es posible que Jacob tuviera el propósito de llevar su caravana de esposas, niños y sirvientes a la zona del monte Moriah cuando Labán interrumpió su viaje. La razón pudo haber sido el *vínculo familiar* de Jacob con la zona conocida como monte Moriah, que también es el monte en el que Salomón construiría el futuro templo judío.

Fue en Jerusalén donde el abuelo de Jacob, Abraham, tuvo un encuentro con el primer rey y sacerdote del Dios Altísimo, Melquisedec, y le dio los diezmos a este hombre justo (Génesis 14:20). Por lo tanto, el área (Jerusalén), fue reconocida a principios de la historia hebrea como una bendición para el pueblo hebreo. En segundo lugar, fue en esta zona en el monte Moriah donde Isaac, el padre de Jacob, fue puesto en un altar y fue ofrecido a Dios por Abraham (Génesis 22:1-11). En tercer lugar, y posiblemente la razón más importante, es el hecho de que se cree en la tradición judía que veinte años antes, cuando Jacob huía de su hermano Esaú, se dirigió a Jerusalén (el monte Moriah) y tuvo el famoso sueño de los ángeles que ascendían y descendían del cielo en una escalera que se extendía de la tierra hasta el cielo mismo.

Salió, pues, Jacob de Beerseba, y fue a Harán. Y llegó a
un cierto lugar, y durmió allí, porque ya el sol se había
puesto; y tomó de las piedras de aquel paraje y puso a
su cabecera, y se acostó en aquel lugar. Y soñó: y he aquí
una escalera que estaba apoyada en tierra, y su extremo
tocaba en el cielo; y he aquí ángeles de Dios que subían
y descendían por ella.

—Génesis 28:10-12

Durante este sueño, Dios le dijo a Jacob:

Y he aquí Jehová estaba en lo alto de ella, el cual dijo:
Yo soy Jehová el Dios de Abraham tu padre, y el Dios
de Isaac; la tierra en la que estás acostado te la daré a ti
y a tu descendencia. Será tu descendencia como el polvo
de la tierra, y te extenderás al occidente, al oriente, al
norte y al sur; y todas las familias de la tierra serán ben-
ditas en ti y en tu simiente.

—Génesis 28: 13-15

La Biblia menciona un libro llamado "El libro de Jaser"
(Josué 10:13; 2 Samuel 1:18). En la década de 1800 se descubrió y tradujo un pergamino judío que algunos traductores
llaman "El libro de Jaser". No se considera que haya sido inspirado como lo fueron las Escrituras, pero se considera como
parte de la historia judía sagrada. Podemos leer acerca de lo
que sucedió cuando Jacob escapaba de Esaú:

Y Jacob siguió su camino hacia Harán, y llegó hasta el
monte Moriah, y permaneció ahí toda la noche cerca
de la ciudad de Luz; y el señor le apareció a Jacob esa
noche, y le dijo: Yo soy el Señor Dios de Abraham y el

Dios de Isaac tu padre; la tierra en la que pisares te la daré a ti y a tu simiente.

—JASER 30:1[1]

Incluso sin este pasaje que afirma que el sueño ocurrió en el Monte Moriah el texto bíblico indica que el lugar en el que Jacob tuvo el sueño de la escalera celestial era cerca del monte Moriah en Jerusalén. Cuando Jacob despertó del sueño, dijo: "No es otra cosa que casa de Dios, y puerta del cielo" (Génesis 28:17). La frase "casa de Dios" en hebreo es *bethel*. En Israel, el sitio tradicional de Bet-el se encuentra cerca de Jerusalén; pero la palabra hebrea *bethel* es también una palabra común para decir "casa de Dios". El principal indicio de la ubicación en la que Jacob y Labán estuvieron y establecieron el pacto de Mizpa, es cuando Jacob dijo que esta era la "puerta del cielo" (Génesis 28:17). Tanto bíblicamente como en el pensamiento judío, la "puerta del cielo" es el Monte del Templo en Jerusalén, donde cientos de años después de la muerte de Jacob, Salomón edificó el primer templo sagrado de Dios en Jerusalén. El monte Moriah es reconocido como la puerta del cielo porque en el antiguo templo, los sacrificios ofrecidos ascendían al templo celestial y eran una dulce fragancia para el Señor. El incienso del templo se ofrecía cada

> DEJE QUE EL PACTO DE MIZPAH ESTABLEZCA LA "PUERTA DEL CIELO" EN LA VIDA DE SU FAMILIA, LA CUAL PERMITE QUE LOS ÁNGELES DE DIOS SUBAN Y BAJEN DEL CIELO, CONFORME PROVEAN LA PROTECCIÓN DE DIOS A SU FAMILIA.

mañana en el altar de oro como las oraciones del pueblo que ascendían al cielo por el humo del incienso. El templo de Salomón fue construido en el monte Moriah (2 Crónicas 3:1), llamado el "Monte del Señor" (Génesis 22:14). Por lo tanto, esta área era la puerta o la entrada al cielo.

YO REGRESARÉ

Antes de que Jacob fuera a Siria, Dios lo visitó en el sueño de la escalera y le dio la misma promesa que le dio a Abraham y a su padre Isaac. Dios le prometió que toda la tierra de Canaán le pertenecería a él y a sus hijos, y a sus hijos después de él. Para cumplir esta promesa de una nación que nacería en la Tierra Prometida, Jacob, que en ese momento era soltero, sabía que en el futuro tendría que regresar y establecerse en la tierra de la cual partía. Por lo cual, le hizo una promesa (voto) a Dios, diciendo:

> E hizo Jacob voto, diciendo: Si fuere Dios conmigo, y me guardare en este viaje en que voy, y me diere pan para comer y vestido para vestir, y si volviere en paz a casa de mi padre, Jehová será mi Dios. Y esta piedra que he puesto por señal, será casa de Dios; y de todo lo que me dieres, el diezmo apartaré para ti.
> —Génesis 28:20-22

Aquí vemos un pilar de piedra que marcaba el lugar donde Jacob vio el pie de la escalera y donde predijo que ese pilar un día sería la casa de Dios. La única casa de Dios construida alrededor de Jerusalén y que el pueblo hebreo conoció en toda su historia, fueron los dos templos que alguna vez fueron fundados sobre el monte Moriah. Jacob también le prometió a Dios un "diezmo", que en hebreo es el diezmo de sus bendiciones. Esta promesa es también un indicio profético de que esta futura casa de Dios, sería el lugar en donde el diezmo de los descendientes de Jacob sería presentado a Dios.

La ubicación de Mizpa, de acuerdo con los arqueólogos, estaba a trece kilómetros de Jerusalén. Ahora resulta fácil entender por qué Jacob aparentemente se dirigía al monte Moriah cuando su suegro Labán lo alcanzó. Jacob recordaba su voto a Dios de hacía veinte años, y creo que estaba llevando a su familia al mismo lugar en el que él y Dios hicieron el pacto de bendición. ¡En el camino, una visita de Labán lo interrumpió!

LOS ÁNGELES APARECEN

Después de que Jacob hizo el pacto de Mizpa con Labán y presentó sacrificios, sus hermanos y él permanecieron en la montaña toda la noche. A la mañana siguiente, Labán besó a sus hijas y a sus nietos y se fue de regreso a Siria (Génesis 31:54-55). Después de que Labán partió, el pacto se activó inmediatamente. Jacob continuó su viaje y de pronto, encontró un gran ejército de ángeles de Dios:

> Jacob siguió su camino, y le salieron al encuentro ángeles de Dios. Y dijo Jacob cuando los vio: Campamento de Dios es este; y llamó el nombre de aquel lugar Mahanaim.
> —GÉNESIS 32:1-2

La palabra hebrea para *campamento* aquí es *machaneh,* y alude a un campamento de viajeros, soldados o tropas. El nombre hebreo *Mahanaim* es una palabra que significa "campamento doble". Esto podría aludir al entendimiento de que Jacob estaba a cargo de un gran campamento de personas,

y los ángeles del Señor formaban un segundo campamento
que se encontraron con él cuando se acercó a la ubicación de
la puerta del cielo.

Jacob pronto se encontraría con Esaú y no estaba seguro
de qué recibimiento tendría. Estaba muy asustado y sabía que
Esaú podría matarlo a él y a toda su familia si quería. Cuando
Jacob vio que Esaú se acercaba, colocó a sus sirvientes al frente, a Lea y a sus hijos después y a Raquel y a José al final. ¡Creo
que pensó que en caso de que Esaú matara a sus sirvientes y a
Lea, junto con parte de su familia, Raquel, su esposa favorita,
podría escapar!

Como parte de su intención por contentarse con Esaú,
Jacob había preparado un gran presente para el hermano del
que se había separado:

> Y durmió allí aquella noche, y tomó de lo que le vino a
> la mano un presente para su hermano Esaú: doscientas
> cabras y veinte machos cabríos, doscientas ovejas y veinte
> carneros, treinta camellas paridas con sus crías, cuarenta
> vacas y diez novillos, veinte asnas y diez borricos.
>
> —Génesis 32:13-15

El presente era una porción de los animales que Jacob había
heredado de la granja de Labán. Él no había robado estos animales; eran parte de los sueldos que le habían sido pagados
durante veinte años. ¿Por qué Jacob le dio este presente a Esaú?
Cuando Jacob por fin se encontró cara a cara con Esaú, él le
dijo esto:

> Y dijo Jacob: No, yo te ruego; si he hallado ahora gracia
> en tus ojos, acepta mi presente, porque he visto tu rostro,

como si hubiera visto el rostro de Dios, pues que con
tanto favor me has recibido.

—GÉNESIS 33:10

Jacob le pidió a Esaú recibir este "presente" de muchos animales. La palabra hebrea para *presente* es *minchah,* palabra que
se usa después en ocasiones en el Antiguo Testamento para una
ofrenda voluntaria. Esta palabra se usa al principio de la Torá
cuando Moisés escribe acerca de la ofrenda del fruto de la tierra
hecha por Caín, que fue presentada a Dios (Génesis 4:3-5). La
mejor explicación de la razón por la que Jacob le dio este presente,
es porque era su deseo cumplir el voto hecho a Dios veinte años
antes cuando le prometió a Dios que si lo traía de regreso a la
casa de su padre: "El diezmo apartaré para ti" (Génesis 28:22).

En este momento de la historia hebrea, Melquisedec, el rey
sacerdote, ya había muerto y no había ningún templo o tabernáculo en toda la nación. No obstante, parece que Jacob estaba determinado a dar una porción, posiblemente una décima
parte, de sus ingresos como su ofrenda a Dios, ¡y le dio este
presente a su hermano Esaú!

Cientos de años después de este acontecimiento en el tiempo del tabernáculo y el templo, se presentaban ofrendas al
sacerdocio, que no eran ofrendas de animales, sino que eran
ofrendas sin derramamiento de sangre y voluntarias, tales
como ofrendas de granos y aceite. Éstas también se conocían
como *minchah* en hebreo (ver Levítico 2).

LUCHAR POR UNA BENDICIÓN

Después de preparar su ofrenda para presentársela a Esaú, y
antes de que Jacob se encontrara con Esaú, Jacob envió a su

familia por delante y pasó la noche solo. De pronto se encontró con un ángel cuyas palabras y acciones cambiarían para siempre su destino. Leemos:

> Así se quedó Jacob solo; y luchó con él un varón hasta que rayaba el alba. Y cuando el varón vio que no podía con él, tocó en el sitio del encaje de su muslo, y se descoyuntó el muslo de Jacob mientras con él luchaba. Y dijo: Déjame, porque raya el alba. Y Jacob le respondió: No te dejaré, si no me bendices. Y el varón le dijo: ¿Cuál es tu nombre? Y él respondió: Jacob. Y el varón le dijo: No se dirá más tu nombre Jacob, sino Israel; porque has luchado con Dios y con los hombres, y has vencido.
>
> —Génesis 32:24-28

Este encuentro asombroso sucedió una noche antes de ver cara a cara a Esaú. Este ángel del Señor, cambió el nombre de Jacob por *Israel* y tocó su muslo, dejándolo cojo por el resto de su vida. Jacob siempre había huido y ahora su *cadera coja* lo iba a detener, ¡así que ya no iba a poder huir de los hombres o de Dios!

Cuando se estudia la vida de Jacob, es interesante leer las múltiples veces y lugares en donde un ángel o un ejército de ángeles formaron parte de sus sueños y de su vida:

- Jacob soñó la escalera de la bendición con ángeles de Dios (Génesis 28:12).
- Un ángel lo visitó en Siria, ordenándole regresar a la Tierra Prometida (Génesis 31:11-13).
- Los ángeles fueron a su encuentro antes de encontrarse con Esaú (Génesis 31:11-13).

■ Jacob luchó con un ángel del Señor, recibiendo
de esta manera una transformación espiritual
(Génesis 32:24-25).

¿Quiénes eran estos mensajeros angelicales y por qué estaban constantemente presentes en la vida y el destino de Jacob? Para entender el completo significado de estas preguntas, debemos avanzar del tiempo del pacto de Mizpa al momento en el que Jacob era ya un anciano que se acercaba a la muerte, quien había vivido sus últimos días con sus hijos y sus nietos en Egipto. Jacob estaba interesado en adoptar a Efraín y a Manasés, los dos hijos de José nacidos en Egipto. Las oraciones que Jacob pronunció sobre estos dos hijos, revelan la importancia de los ángeles en la vida de Jacob y de sus descendientes.

Capítulo 5

EL GUARDIÁN DEL
PUEBLO DE DIOS

El ángel que me liberta de todo mal, bendiga
a estos jóvenes; y sea perpetuado en ellos mi
nombre, y el nombre de mis padres Abraham
e Isaac, y multiplíquense en gran manera en
medio de la tierra.

—GÉNESIS 48:16

ESTA ESCENA SE DESARROLLA EN EGIPTO. JACOB Y SUS hijos vivían en la tierra de Gosén, después de haber sido protegidos de la hambruna mundial de siete años. El viejo patriarca sabía que pronto moriría y que su espíritu se reuniría con su pueblo (Génesis 49:33). En la tradición de su padre Isaac y de su abuelo Abraham, Jacob, ahora llamado Israel, le pidió a los dos hijos de José, ambos nacidos en Egipto, venir a su lado para que pudiera pronunciar la importante bendición patriarcal tan esperada sobre los jóvenes. Cuando Jacob puso sus manos sobre los muchachos, habló las palabras anteriores de Génesis 48:16.

En ese momento, los dos nietos de Jacob fueron oficialmente adoptados en la lista de las tribus de Israel. Cuando los hebreos regresaron a la Tierra Prometida, se les dio a las tribus de Efraín y Manasés una tierra como herencia. La oración de Jacob había sido respondida, y ambas tribus se convirtieron en una multitud y llevaron el nombre de Israel.

En la oración, Jacob le pidió a Dios que le permitiera al ángel que lo libertó, bendecir a sus hijos. ¿De qué ángel que lo "liberta de todo mal" habla Jacob, y cuándo fue *libertado*? La palabra hebrea para *libertar* es *ga'al,* y es la palabra usada para *pariente cercano* (o pariente redentor) que era quien podía rescatar la propiedad de la familia cuya hipoteca hubiera sido ejecutada o que hubiera sido vendida por presiones económicas. Por ejemplo, en el libro de Rut, la hebrea Noemí y su nuera gentil Rut eran viudas y habían vivido en Moab. Después de diez años, ambas regresan a la casa de Noemí en Belén. Noemí había estado fuera durante tanto tiempo, que había perdido la tierra de su esposo y no podía recuperarla. Sin embargo, ella conocía una opción legal: pidió que el hermano de su esposo ya muerto, Booz, siendo un pariente cercano, redimiera legalmente los derechos de propiedad. Booz sería un *ga'al,* un redentor (libertador).

Ya hemos mencionado la visitación de ángeles en la vida de Jacob. Cuando Jacob trabajaba para Labán en Siria, un ángel le apareció con la siguiente revelación:

> Y él dijo: Alza ahora tus ojos, y verás que todos los machos que cubren a las hembras son listados, pintados y abigarrados; porque yo he visto todo lo que Labán te ha hecho. Yo soy el Dios de Bet-el, donde tú ungiste la piedra, y donde me hiciste un voto. Levántate ahora y sal de esta tierra, y vuélvete a la tierra de tu nacimiento.
>
> —GÉNESIS 31:12-13

El ángel también protegió a Jacob de Labán cuando se le apareció a Labán en un sueño advirtiéndole que no le hablara desmedidamente a Jacob, y el ángel siguió observando y siguiendo a Jacob a lo largo de su vida. El señor le había revelado a Jacob: "He aquí yo estoy contigo, y te guardaré por dondequiera que fueres, y volveré a traerte a esta tierra; porque no te dejaré hasta que haya hecho lo que te he dicho" (Génesis 28:15).

Dios le estaba prometiendo a Jacob que lo *guardaría*. La palabra hebrea para *guardar* es *shamar,* la misma palabra usada en la confesión llamada *la bendición sacerdotal*, que pronunciaba el sacerdote cuando levantaba ambas manos sobre el pueblo y declaraba: "Jehová te bendiga, y te guarde" (Números 6:24). La palabra significa "cercar o proteger". Dios prometió proteger a Jacob a dondequiera que fuera y traerlo de vuelta a la tierra que le fuera prometida a Abraham e Isaac.

EL ÁNGEL QUE SEGUÍA A ISRAEL

Jacob murió finalmente junto con sus doce hijos. Sin embargo, después de cuatrocientos años en Egipto (Génesis 15:13), las setenta almas que salieron de Jacob (Éxodo 1:5), se habían convertido en una multitud de seiscientos mil hombres de guerra (Éxodo 12:37). Cuando Moisés sacó a Israel de Egipto, a través del Mar Rojo y por el desierto, necesitaba ayuda sobrenatural para realizar su difícil tarea.

Dios prometió que un ángel especial iría delante de Israel en la travesía por el desierto y que ayudaría a Moisés y al pueblo en todo el camino a la Tierra Prometida. Esta es la promesa que Dios le reveló a Moisés:

He aquí yo envío mi Angel delante de ti para que te guarde en el camino, y te introduzca en el lugar que yo he preparado. Guárdate delante de él, y oye su voz; no le seas rebelde; porque él no perdonará vuestra rebelión, porque mi nombre está en él. Pero si en verdad oyeres su voz e hicieres todo lo que yo te dijere, seré enemigo de tus enemigos, y afligiré a los que te afligieren. Porque mi Angel irá delante de ti, y te llevará a la tierra del amorreo, del heteo, del ferezeo, del cananeo, del heveo y del jebuseo, a los cuales yo haré destruir.

—Éxodo 23:20-23

El ángel que Dios identifica como "Mi Ángel", recibió la tarea de personalmente preparar el camino, proteger a la gente y llevarlos a la Tierra Prometida. Los israelitas nunca lo vieron visiblemente durante su travesía de cuarenta años, porque estaba oculto en una gran nube que se asentaba sobre el campamento de Israel de día, y una columna de fuego que flotaba sobre el campamento de noche (Éxodo 13:22). Este ángel conocido como el ángel de la presencia de Dios, habitó con la nación hebrea durante

> DIOS COMISIONÓ AL *ÁNGEL DEL SEÑOR* PARA DIRIGIR A SUS MENSAJEROS CELESTIALES MIENTRAS TRABAJAN EN DEFENDER, PROTEGER Y GUARDAR A SU PUEBLO.

los cuarenta años completos. Después de la muerte de Moisés, este ángel invisible le apareció de manera especial a Josué.

El "Príncipe del ejército del Señor"

Después de cuarenta años, en los cuales murió una generación de israelitas incrédulos, los hijos de los que murieron en el desierto se prepararon para conquistar su herencia de las muchas tribus que habitaban en la tierra que se les había prometido. Cierto día, el maná (el pan del cielo), la nube y el fuego en la noche cesaron. Josué se levantó de madrugada para preparar a los guerreros de Israel con el fin de invadir Jericó, cuando se encontró con un visitante extraño e inesperado. Josué observó a un hombre que estaba de pie cerca de él y pidió saber si el extraño estaba con o en contra de Israel. El hombre respondió: "Como príncipe del ejército de Jehová he venido ahora" (Josué 5:14). Este hombre era en realidad un mensajero del cielo enviado para ayudar a Josué en la conquista de su primera ciudad, Jericó. El visitante angelical le hizo una petición inusual a Josué:

> Y el Príncipe del ejército de Jehová respondió a Josué: Quita el calzado de tus pies, porque el lugar donde estás es santo. Y Josué así lo hizo.
>
> —Josué 5:15

Esta declaración es similar al mandamiento que el Omnipotente le dio a Moisés más de cuarenta años atrás, antes de que Moisés regresara a Egipto a liberar a Israel de la esclavitud egipcia. Dios le dijo a Moisés: "No te acerques; quita tu calzado de tus pies, porque el lugar en que tú estás, tierra santa es" (Éxodo 3:5). La versión King James (en inglés) de la Biblia indica claramente que Dios le ordenó a Moisés quitarse sus "sandalias" y a Josué su "sandalia". Algunos dirían que no hay diferencia entre sandalias (plural) y sandalia (singular). Yo no estaría del todo de acuerdo.

En el caso de Moisés, el Señor mismo apareció, y en el caso de Josué, el Príncipe del ejército del Señor apareció. En ambos casos, los hombres de Dios supieron que estaban en "tierra santa". Existe una diferencia entre quitarse los zapatos y quitarse el zapato. En la historia hebrea antigua, cuando un hombre moría y su esposa perdía la propiedad (por deuda, impuestos, etc.), ella podía redimir legalmente su herencia por medio de un pariente de su esposo llamado en la Biblia el *pariente cercano*. Parte del proceso era que el pariente más cercano presentara su zapato a los ancianos de la ciudad en las puertas. Después de un procedimiento especial, él intercambiaba su zapato, lo que le daba permiso al pariente cercano de recuperar la propiedad perdida. Esto sucedió cuando Booz presentó su zapato en Belén en nombre de la esposa de su hermano muerto, Noemí:

> Había ya desde hace tiempo esta costumbre en Israel tocante a la redención y al contrato que para la confirmación de cualquier negocio, el uno se quitaba el zapato y lo daba a su compañero; y esto servía de testimonio en Israel. Entonces el pariente dijo a Booz: Tómalo tú. Y se quitó el zapato.
>
> —Rut 4:7-8

El príncipe del ejército de Dios le pidió a Josué que presentara su zapato, dándole de esta manera, permiso al ángel para ir ante los hijos de Israel y preparar el camino para que el pueblo escogido de Dios recuperara la tierra que había sido controlada por los cananeos durante cerca de cuatrocientos cuarenta años mientras Israel habitaba en Egipto. Creo que el ángel del Señor era el mismo ángel que le apareció a Abraham cuando estaba a punto de sacrificar a Isaac (Génesis 22:11), cuando Eleazar buscaba una esposa para Isaac (Génesis 24:7), y de nuevo, cuando Jacob regresó a la Tierra Prometida (Génesis 31:11-13).

El Señor ciertamente guardó a Jacob, a sus esposas y a sus doce hijos. Los mismos ángeles del Señor que siguieron a los antiguos patriarcas de la fe ahora siguen siendo parte del ejército celestial y están protegiendo activamente al pueblo del Dios Altísimo.

Según las Escrituras, el ángel protector principal de Israel se llama Miguel. Podemos leer cuando peleó con Satanás por el cuerpo de Moisés poco después de su muerte (Judas 9). El profeta Daniel identificó a Miguel como "el gran príncipe que está de parte los hijos de tu pueblo [Israel]" (Daniel 12:1). En la futura Gran Tribulación, Miguel y un ejército de ángeles protagonizarán en un conflicto cósmico, que resultará en la expulsión de Satanás y sus ángeles fuera del segundo cielo a la tierra (Apocalipsis 12:7-10). Miguel tiene un rango alto entre los ángeles, y es llamado "arcángel" (Judas 9). Se le ha dado una autoridad especial en cuanto a las fuerzas malignas y a la protección de Israel.

En general, cuando se menciona a Miguel en una actividad bíblica, se menciona su nombre. El nombre del ángel de la presencia de Dios que ministró a Abraham y que continuó siguiendo a la nación hebrea hasta que poseyeron de nuevo la Tierra Prometida, nunca se menciona. Algunos podrían sugerir que este ángel era Miguel, y otros creen que era Cristo antes de su encarnación.

SU NOMBRE ES "ADMIRABLE"

Una de las razones por la que los teólogos sugieren que el ángel del Señor en el Antiguo Testamento fue Cristo, es por una afirmación interesante que se encuentra en Jueces 13. Los israelitas estaban en un ciclo de esclavitud y cautividad de sus enemigos internos y externos. Dios levantaba libertadores llamados *jueces* para dirigir las guerras y libertar a Israel de las manos de sus adversarios. Uno de ellos fue Sansón.

Antes del nacimiento de Sansón, un ángel del Señor le apareció a su madre y le dijo que ella concebiría un hijo que sería nazareo. El voto nazareo se encuentra registrado en Números 6:2-8. El hijo que naciera siendo nazareo no podía beber bebidas fuertes, tocar un cadáver o cortar su cabello. El padre de Sansón, Manoa, se regocijó por el anuncio del nacimiento de un hijo y decidió hacer una gran comida. Invitó a cenar al visitante que había anunciado el nacimiento de su hijo (no se dio cuenta de que era un ángel porque éste vino en forma de hombre, Jueces 13:15-16). Fue entonces cuando Manoa le preguntó al ángel por su nombre:

> Entonces dijo Manoa al ángel de Jehová: ¿Cuál es tu nombre, para que cuando se cumpla tu palabra te honremos? Y el ángel de Jehová respondió: ¿Por qué preguntas por mi nombre, que es admirable?
>
> —JUECES 13:17-18

Al leer este pasaje, el ángel dijo que su nombre era "admirable". En la Biblia en inglés en lugar de "admirable" dice "secreto", lo cual significaría que no se puede decir porque debe permanecer como un misterio. La palabra *secreto* se encuentra cincuenta y dos veces en el Antiguo Testamento y significa básicamente "algo escondido". Sin embargo, la palabra traducida al inglés como *secreto* en Jueces 13:18, es una palabra diferente en hebreo: *pil'iy;* que puede traducirse como "admirable" y que proviene de una palabra hebrea que significa milagro. En Isaías 9:6, hay una profecía respecto al Mesías en la que Isaías predijo que "se llamará su nombre Admirable". ¡Este ángel decía que su nombre era Admirable, lo cual es similar al nombre dado al Mesías! Por estos vínculos únicos, algunos sugieren que el ángel pudo haber sido una manifestación de Cristo previa a su encarnación.

Un segundo ejemplo se encuentra en Daniel 10, cuando vio lo que los eruditos llaman una *teofanía.* La palabra griega es *teophaneia,* que significa una aparición o manifestación de Dios. Se refiere a las muchas apariciones de Dios en el Antiguo Testamento y enfatiza el hecho de que los hombres pueden ver a Dios cuando se aparece en alguna forma (Éxodo 3:3-6; 19:16-25). Podemos leer en Daniel 10:

> Y el día veinticuatro del mes primero estaba yo a la orilla del gran río Hidekel. Y alcé mis ojos y miré, y he aquí un varón vestido de lino, y ceñidos sus lomos de oro de Ufaz. Su cuerpo era como de berilo, y su rostro parecía un relámpago, y sus ojos como antorchas de fuego, y sus brazos y sus pies como de color de bronce bruñido, y el sonido de sus palabras como el estruendo de una multitud.
>
> —DANIEL 10:4-6

Ahora, compare esta manifestación de un ser divino con la visión que tuvo Juan de Cristo en el templo celestial:

Y me volví para ver la voz que hablaba conmigo; y vuelto,
vi siete candeleros de oro, y en medio de los siete candeleros, a uno semejante al Hijo del Hombre, vestido de
una ropa que llegaba hasta los pies, y ceñido por el pecho
con un cinto de oro. Su cabeza y sus cabellos eran blancos
como blanca lana, como nieve; sus ojos como llama de
fuego; y sus pies semejantes al bronce bruñido, refulgente
como en un horno; y su voz como estruendo de muchas
aguas. Tenía en su diestra siete estrellas; de su boca salía
una espada aguda de dos filos; y su rostro era como el sol
cuando resplandece en su fuerza. Cuando le vi, caí como
muerto a sus pies. Y él puso su diestra sobre mí, diciéndome: No temas; yo soy el primero y el último.

—APOCALIPSIS 1:12-17

Considere estas comparaciones:

- Ambos estaban vestidos de lino.
- Ambos llevaban un cinto de oro.
- El semblante de ambos era brillante como un
  relámpago o como el sol.
- Tenían pies semejantes al bronce.
- Su voz era como una multitud o como muchas
  aguas.

Nunca sabremos si al que la Biblia llama el ángel del Señor
era un espíritu ministrador, una teofanía de Cristo o Miguel
el arcángel. Sin embargo, podemos estar seguros de que Dios
comisionó a sus mensajeros celestiales para defender, guardar
y proteger a su pueblo, Israel.

Capítulo 6

LOS ÁNGELES: MISIONES CELESTIALES PARA GENTE TERRENAL

El ángel de Jehová acampa alrededor de los que le temen, y los defiende.

—SALMOS 34:7

Pues a sus ángeles mandará acerca de ti, que te guarden en todos tus caminos. En las manos te llevarán, para que tu pie no tropiece en piedra, sobre el león y el áspid pisarás; hollarás al cachorro del león y al dragón.

—SALMOS 91:11-13

LOS ÁNGELES: O USTED CREE QUE EN REALIDAD EXISTEN o los considera una mera creencia de gente religiosa que ha sido engañada o con una gran imaginación. Si usted cree en la Biblia, es imposible negar todas las referencias de estos mensajeros celestiales y sus numerosas hazañas. No solamente se mencionan en el Antiguo Testamento, sino también están involucrados en el ministerio terrenal de Cristo:

- Una multitud de ángeles anunciaron el nacimiento de Cristo (Lucas 1:26-38).
- Un ángel le dijo a José que recibiera a María como su esposa (Mateo 1:20).
- Un ángel les avisó a los magos que no regresaran a Herodes (Mateo 2:12).
- Un ángel le advirtió a José que huyera a Egipto (Mateo 2:13).
- Unos ángeles sirvieron a Cristo después de su tentación (Mateo 4:11).
- Un ángel traía sanidad en el estanque de Betesda (Juan 5:4).
- Un ángel fortaleció a Cristo en Getsemaní (Lucas 22:43).
- Hubo ángeles presentes en la resurrección (Lucas 24:4).
- Dos ángeles anunciaron que Cristo regresaría (Hechos 1:10-11).

Cuando Cristo les enseñó a sus discípulos cómo orar, les presentó una oración llamada "El Padre Nuestro". Una frase de esta hermosa oración siempre me ha llamado la atención. La frase es la siguiente: "Hágase tu voluntad, como en el cielo, así también en la tierra" (Mateo 6:10). Jesús oraba que el *Reino de Dios* viniera y que la voluntad de Dios se hiciera en la tierra. Cristo hablaba a menudo del Reino y dio una serie de parábolas que los eruditos llaman *las parábolas del reino* (vea Mateo 13). Él también hizo una afirmación reveladora con respecto a los que entrarían en el Reino:

> Desde los días de Juan el bautista, el reino de los cielos
> sufre violencia, y los violentos lo arrebatan.
>
> —Mateo 11:12

En el tiempo de Cristo, existían muchas costumbres y tradiciones establecidas entre los líderes religiosos judíos, específicamente los fariseos. La "tradición de los ancianos" (Marcos 7:3) incluía cocinar todos los alimentos y lavar todos los utensilios y sartenes antes de la puesta del sol en el día de reposo. Los discípulos fueron reprendidos una vez por comer sin lavarse las manos, ya que los fariseos creían que si la gente comía con las manos sin lavar podía comer espíritus demoníacos. Los fanáticos religiosos creían que era un pecado sanar a los enfermos en el día del reposo, y reprendieron a Cristo por quebrantar el día de reposo al decirle a un hombre "levántate, toma tu lecho, y anda" (Juan 5:8). Por lo tanto, la gente común de los días de Cristo, a veces hacía esfuerzos extremos para conseguir tocar a Cristo, aun sabiendo que los líderes religiosos los atacarían por hacerlo. Ellos "se abrían camino" al cielo rompiendo las tradiciones de los ancianos. Una mujer con flujo de sangre y un sucio leproso se abrieron paso y tocaron a Cristo. Ambos tenían prohibido estar en público a causa de sus padecimientos físicos, y aun así tomaron la decisión de buscar la sanidad de Cristo. La sanidad es una promesa para ambos pactos, y las tradiciones de los hombres impedían que las multitudes recibieran los beneficios prometidos por Dios (Salmos 103). Para las personas que tenían una necesidad fue imperioso tomar una decisión arriesgada. ¿Permanecerían en esclavitud solamente por mantener las tradiciones? ¿O enfrentarían la oposición para esforzarse y tomar la promesa? Aquéllos que recibieron los milagros se abrieron paso más allá de las opiniones del hombre. Por medio de Cristo, la voluntad de Dios en el cielo se estaba haciendo en la tierra.

Para hacer su voluntad en la tierra, Dios utiliza a menudo mensajeros celestiales, ángeles, a fin de revelar su voluntad a algunas personas o para ejecutar juicios sobre los impíos para que su voluntad no sea obstaculizada. Tanto en el Antiguo como Nuevo Testamento, encontramos varios ejemplos de ángeles ejecutando juicios en la tierra.

En 2 Reyes 19, Senaquerib, el rey asirio, llevó a su ejército a Judea para tomar el territorio y llevar cautivos a los judíos. El rey Ezequías tomo el oro y la plata del templo de Jerusalén y se los dio a Senaquerib, incluyendo el oro que cubría las puertas del templo (2 Reyes 18:13-16). Los asirios eran tan audaces que les dijeron a los judíos en hebreo que Dios los había mandado a destruir Judea y Jerusalén. Después, se burlaron del Dios hebreo diciendo: "¿Acaso alguno de los dioses de las naciones ha librado su tierra de la mano del rey de Asiria? [...] Entonces, ¿qué les hace pensar que Dios librará de mi mano a Jerusalén?" (2 Reyes 18:33-35). Esta amenaza blasfema preocupaba al rey de Judea, Ezequías, quien llamó al profeta Isaías para conducir una reunión urgente de oración para buscar a Dios con el fin de que interviniera para salvar a Judea y a

> PARA HACER SU VOLUNTAD EN LA TIERRA, DIOS USA A MENUDO A SUS MENSAJEROS CELESTIALES PARA REVELAR SU VOLUNTAD A SU PUEBLO Y PARA EJECUTAR JUICIO SOBRE LOS QUE INTENTAN BLOQUEAR SU VOLUNTAD.

Jerusalén. La oración llegó al templo celestial, y Dios envió uno de sus ángeles para que marchara de noche por el campamento de los asirios. Lo que sucedió fue lo siguiente:

> Y aconteció que aquella misma noche salió el ángel de Jehová, y mató en el campamento de los asirios a ciento ochenta y cinco mil; y cuando se levantaron por la mañana, he aquí que todo era cuerpos de muertos. Entonces Senaquerib rey de Asiria se fue, y volvió a Nínive, donde se quedó.
>
> —2 Reyes 19:35-36

Flavio Josefo, el historiador judío, escribió acerca de lo que ocurrió esa noche en Jerusalén:

> Ahora bien, cuando Senaquerib regresaba de su guerra egipcia a Jerusalén, encontró a su ejército bajo el general Rabsaces en peligro [por una plaga], porque Dios había mandado una peste sobre su ejército; y en el primer día del sitio, ciento ochenta y cinco mil, con sus capitanes y generales, fueron destruidos. Entonces el rey tuvo terror y una terrible agonía por esta calamidad; y teniendo gran temor por su ejército, huyó con el resto de sus fuerzas.
>
> —*ANTIGÜEDADES JUDÍAS*; Josefo, Libro X, Capítulo 1, Sección 5

En esta narración histórica, un ángel del Señor dio muerte a 185,000 hombres en una sola noche. Cristo antes de su muerte les dijo a sus discípulos que podía comisionar a doce legiones de ángeles para ayudarlo y salvarlo (Mateo 26:53). En el tiempo de Cristo, los ejércitos romanos estaban divididos de la siguiente manera:

- Ocho hombres formaban una unidad.
- Diez unidades (80 hombres) formaban un siglo.
- Seis siglos (480 hombres) formaban una cohorte.
- Diez cohortes (4,800 hombres) formaban una legión.
- Se requerían 5,280 soldados para formar un ejército.

Si Cristo podía haber llamado a doce legiones de ángeles, y una legión común se componía de 4,800 hombres, ¡entonces doce legiones de ángeles serían 57,600 ángeles! Si un ángel podía destruir un ejército de 185,000 hombres, entonces 57,600 ángeles, tomando cada uno 185,000 hombres, ¡podían destruir un total de 10,656,000,000 hombres! Son más personas de las que viven en la actualidad en la tierra. ¿Es de extrañar que cuando el ejército sirio rodeó la montaña para capturar a Eliseo, y los caballos de fuego y los carros de fuego de Dios rodearon al profeta, el hombre de Dios le haya dicho a su sirviente: "Son más los que están con nosotros que los que están con ellos" (vea 2 Reyes 6:14-17)? Como nota adicional, si Satanás arrastró a un tercio del ejército angelical para seguirlo (Apocalipsis 12:4), ¡entonces hay dos ángeles de nuestro lado por cada ángel en nuestra contra!

ÁNGELES QUE TRAEN JUICIO

El Nuevo Testamento registra un suceso inusual que involucra a un ángel que trajo juicio contra un líder nacional. Lucas registra un suceso político en el que Herodes estando sentado en su trono, la gente le gritaba que no era un hombre sino un dios (Hechos 12:20-22). El historiador Flavio también escribió acerca de dicho suceso lo siguiente:

> En el segundo día se puso una prenda hecha completamente de plata, y de una textura verdaderamente maravillosa, y vino al teatro por la mañana; a esa hora la plata de su vestimenta siendo iluminada por el fresco reflejo de los rayos del sol, llegó a brillar de manera sorprendente, y era tan resplandeciente como para provocar horror a los que los miraban atentamente; y entonces sus aduladores gritaron […] que él era un dios […] y el rey no los reprendió […] Un dolor severo surgió en su vientre, y comenzó de manera casi violenta.
>
> —*ANTIGÜEDADES JUDÍAS*; JOSEFO,
> LIBRO XIX, CAPÍTULO VIII, SECCIÓN 2

Lucas escribió que cuando el pueblo glorificó a Herodes como dios, "al momento un ángel del Señor le hirió, por cuanto no dio la gloria a Dios; y expiró comido de gusanos" (Hechos 12:23). Flavio reporta que los dolores sobrevinieron de manera violenta, y que en cinco días el rey había muerto a los cincuenta y cuatro años. Muchas veces, no nos imaginamos a los ángeles como ejecutores del juicio de Dios, pero en el libro de Apocalipsis, Juan atestigua haber visto ángeles derramando juicio durante la Gran Tribulación (Apocalipsis 8:2; 15:1). La voluntad de Dios en el cielo se hace en la tierra, y se asocia a menudo con las misiones dadas a los ángeles. Así como los ángeles pueden traer juicio a los impíos y malvados, también pueden traer advertencias a los justos.

ADVERTENCIAS EN SUEÑOS O VISIONES

A lo largo de las Escrituras, los mensajeros angelicales aparecen a menudo en sueños y visiones revelando advertencias o los planes y propósitos de Dios. Con frecuencia, cuando un mensaje profético se soltaba del trono de Dios a los hombres de la tierra, era enviado por medio de un ángel del Señor. En la tradición de la iglesia judía temprana, se creía que había siete ángeles principales:

1. Miguel: el arcángel sobre Israel.
2. Gabriel: el ángel sobre las potestades gentiles.
3. Rafael: el ángel a cargo de las oraciones de los santos.
4. Uriel: el ángel a cargo del infierno.
5. Jeremiel: tareas no mencionadas
6. Raquel: el ángel que trae juicio.
7. Sariel: tareas no mencionadas.

En las Escrituras se menciona específicamente a dos ángeles. Uno es el arcángel Miguel (Jueces 9), un fuerte príncipe guerrero que tiene muchos ángeles bajo sus órdenes (Apocalipsis 12:7). El segundo ángel mencionado es el ángel Gabriel. En las Escrituras, Gabriel es el ángel de la presencia de Dios (Lucas 1:19) y siempre está relacionado con la producción de revelaciones divinas, tales como la interpretación de visiones y sueños proféticos. Gabriel fue el ángel encargado de hacer comprender a Daniel las extrañas visiones del futuro que recibía (Daniel 8:16; 9:21) y fue el mensajero celestial que anunció la concepción de Juan el Bautista y de Cristo (Lucas 1:19,

26). Miguel es un ángel relacionado con Israel, y Gabriel se relaciona a menudo con las naciones gentiles.

En otras ocasiones, los ángeles visitaban por medio de visiones y sueños. Sin embargo, los nombres reales de los visitantes celestiales no se mencionan en las Escrituras:

- Un ángel del cielo le habló a Abraham, y le dijo que no sacrificara a Isaac en el altar (Génesis 22:11).
- Un ángel le bloqueó el camino a Balam cuando se estaba preparando para maldecir a Israel (Números 22:22).
- Un ángel le apareció a Gedeón para dirigirlo en la batalla (Jueces 6:12).
- Un ángel le apareció a la madre de Sansón, y le predijo el nacimiento de un hijo (Jueces 13:3).
- Un ángel extendió su mano sobre Jerusalén para destruirla (2 Samuel 24:16).
- Un ángel fortaleció al profeta Elías (1 Reyes 19:5).
- Un ángel cerró la boca de los leones para proteger a Daniel (Daniel 6:22).
- Un ángel le mostró a Zacarías varias revelaciones proféticas (Zacarías 1-6).

Mi padre, un ministro ordenado del evangelio durante casi sesenta años, ha tenido muchos sueños (y visiones ocasionales) a lo largo de su vida, que han sido advertencias de peligro y le han revelado, ya sea los planes y estrategias del enemigo, o las intenciones dañinas de personas malvadas y carnales, que de manera secreta estaban entorpeciendo la obra de Dios. Algunas veces, en sueños de advertencia, un hombre que lo llama "hijo" se ha dirigido a él. De hecho, muchas veces, ha relatado haber tenido un sueño o una extraña *visión nocturna* y me ha dicho cómo un hombre en el sueño lo llamaba "hijo". Él siempre me ha dicho que en un sueño espiritual, si el mensajero era el Señor o un ángel del Señor, a menudo, se dirige a los hombres como "hijo" y a las mujeres como "hija". Estas palabras, *hijo* e *hija*, identifican la íntima relación familiar entre Dios nuestro Padre y sus hijos (sus hijos e hijas).

PROTEGIDO EN VIETNAM

Durante la guerra de Vietnam en la década de 1960, Lewis Stone, el hermano de mi padre, fue enviado a la primera línea de la batalla. Lewis estaba con la Compañía Lima de la infantería de la marina. Mi padre era pastor de una congregación rural en Big Stone Gap, Virginia. Lewis siempre estaba en el corazón y en la mente de Papá, y Papá le pedía a Dios constantemente que protegiera a su hermano.

Una noche, Papá se recostó en la cama silenciosamente orando por Lewis. De pronto, vio una luz brillante a través de las persianas. Pensó que podía ser un automóvil que pasaba y siguió orando. Minutos después, Papá de pronto tuvo una visión a colores que parecía ocurrir en algún lugar de Vietnam. En la visión, vio a un grupo de marinos que cavaban una trinchera. Frente a ellos había pasto alto y varios árboles. Papá vio tres serpientes con rifles, arrastrándose hacia los marinos. Escuchó disparos y vio un hombre caer al suelo. De pronto, salió de la visión y comenzó a orar por Lewis. Se sentó y escribió una carta dándole a Lewis los detalles de la visión, entre ellos la descripción de la zona. De manera sorprendente, la carta llegó a Lewis, y la guardó en su uniforme de campaña.

Poco tiempo después de leer la carta de Papá, Lewis y un grupo de marinos cavaban una trinchera y Lewis miró a su alrededor, dándose cuenta que el lugar era idéntico a aquél que papá le había descrito en la visión. De pronto, se lanzó a la trinchera por instinto cuando el fuego enemigo rompió el silencio. El hombre que estaba enfrente de Lewis murió. En una carta que Lewis envió a Papá, escribió acerca del incidente y le preguntó a papá: "¿Cómo lo haces?", preguntándose cómo es que había visto esas cosas antes de que sucedieran.

Otro tío es salvado de la muerte

A mediados de la década de 1980, papá se encontraba orando profundamente, cuando vio la visión de un accidente. Él vio claramente un camión de carbón que golpeaba un vehículo de frente y vio que la persona sentada del lado del pasajero había sido decapitada. Sintió que era una advertencia para su hermano Morgan que vivía en Virginia Occidental. Papá fue al teléfono e intentó llamar a Morgan varias veces en vano. Le dijo a mamá: "Voy a la iglesia a orar, no dejes que nadie me moleste bajo ninguna circunstancia". Papá me dijo que intercedió bajo una carga de oración tan pesada que los músculos de su estómago le comenzaron a doler. Le suplicaba a Dios que salvara la vida de su hermano.

Después de una hora, escuchó que el Espíritu Santo le dijo: "Hijo, estás pidiéndome que salve la vida de uno que me ha conocido, pero que ha escogido intencionadamente alejarse de mí. No está caminando en pacto conmigo". Esto hizo que papá orara con mayor intensidad treinta minutos más, pidiéndole a Dios extender su misericordia sobre Morgan. Entonces papá escuchó al Espíritu Santo hablándole de nuevo, diciendo: "Cuando pastoreabas en el norte de Virginia, te mostré un ángel que estaría contigo cuando lo necesitaras. Si le pides al Padre que envíe a tu ángel a proteger a tu hermano, lo hará". Papá comenzó a pedirle al Señor que mandara a su ángel protector a dondequiera que Morgan estuviera en ese momento.

Más tarde en la noche, Papá habló con Morgan por teléfono y le dijo que había orado por él para que fuera salvo de la muerte. Morgan le contó su historia: Esa mañana un amigo y él habían ido a la ciudad, y regresaban a casa en su camioneta. Morgan sintió la extraña necesidad de detenerse en un pequeño restaurante y pedir un refresco. Los vecinos de Morgan que vivían al frente, los seguían en un automóvil, y siguieron de largo cuando la camioneta de Morgan dio vuelta en el estacionamiento del restaurante. Minutos después, ambos se dirigían a casa. Para su sorpresa, cuando rodearon una curva a un poco más de un kilómetro y medio en el camino, descubrieron que un camión grande que llevaba carbón había chocado contra el automóvil de sus vecinos, matándolos a ambos y decapitando a la mujer que iba como pasajera. Papá dijo: "¡Morgan, eso estaba planeado para ti, pero el Señor envió a su ángel a detenerte unos minutos para que no estuvieras en el camino de ese gran camión de carbón!". Este incidente hizo que Morgan restaurara su relación con el Señor.

Muchos de los que están leyendo este libro pueden pensar que haber escapado del peligro o de la muerte durante la guerra, de tiempos de abuso de drogas o de accidentes, pudo haber sido *suerte*. Sin embargo, si investigan, en la mayoría de los casos se darán cuenta de que alguien, en algún lugar, sentía una carga por ustedes y estaba orando por su seguridad y protección.

SUEÑOS DE ADVERTENCIA DE UN PELIGRO CERCANO

Los ángeles también se encargan de advertir al pueblo de Dios de un peligro cercano. Después de que los magos de oriente le trajeron sus regalos al bebé Jesús en Belén, se les advirtió en un sueño que no regresaran a Jerusalén para informarle a Herodes acerca del nacimiento del niño. Dios sabía que Herodes planeaba ejecutar a los niños menores de dos años que vivían en el lugar. Cualquier informe de los magos, le indicaría a Herodes el lugar exacto del hijo del rey de los judíos (Mateo 2:7-12).

Inmediatamente después, un ángel del Señor le apareció a José, el esposo de María, y le advirtió no permanecer en el lugar y llevar al niño Jesús y a su madre a Egipto durante una temporada (Mateo 2:13-14). La huida a Egipto evitó que Herodes matara a Jesús. Yo también creo que la joven pareja usó el oro, el incienso y la mirra que le dieron los magos para suplir sus necesidades mientras vivían en Egipto (Mateo 2:11).

Hace algunos años, tuve un sueño de advertencia relacionado con algún tipo de ataque espiritual con el que me encontraría. En este sueño, estaba de pie en un lago bastante grande de aguas cristalinas, pescando con una gran caña de pescar. De pronto, pescaba el pez más grande que había pescado en toda mi vida. Mientras enrollaba la línea y mis manos movían el anzuelo, el hermoso y grande pez se convirtió en serpiente. Inmediatamente arrojé la serpiente al suelo y ésta se levantó y me mordió en la frente y en los pies. La levanté bruscamente y la arrojé de nuevo al lago, y mientras regresaba al agua, se convirtió en un gran pez de nuevo. Escuché una voz en el sueño decir: "La serpiente te morderá, pero no te matará". Sabía que algún día regresaría a este mismo lago y pescaría el pez de nuevo, pero antes habría algún tipo de ataque en contra de mi ministerio y de mí persona en los días siguientes.

Meses después, estaba ministrando en una iglesia grande, y las reuniones se habían extendido durante semanas. Fueron las reuniones más grande con los mejores resultados espirituales que alguna vez hubiera tenido. Al final de las reuniones, hubo un ataque inesperado del enemigo, que afectó dos cosas: mi mente y mi ministerio. La serpiente me había mordido en la cabeza y en los pies. Estaba muy enojado, y las mentiras y rumores que algunas personas habían divulgado provocaron que la gente cancelara mis reuniones con ellos en algunas iglesias (esta era la mordida de la serpiente en mis pies). Mi ministerio había sido perturbado por un astuto ataque verbal del adversario. Sin embargo, aunque el enemigo lo planeó para mal, al final Dios le dio la vuelta, y yo regresé a esta iglesia a ministrar en varias ocasiones.

El significado del sueño de advertencia fue el siguiente: El lago representaba esta iglesia grande, y el pez era la cosecha de las almas, porque Cristo dijo que seríamos "pescadores de hombres" (Mateo 4:19). La serie de reuniones dieron como resultado cientos de almas convertidas (el pez grande), pero el adversario atacó las reuniones, y de esta manera la serpiente (que representa un ataque satánico) se manifestó. La mordida de la serpiente estuvo en mi cabeza (mis pensamientos) y en mis pies (mi ministerio ambulante, porque los pies esparcen el evangelio, Romanos 10:15). Cuando la serpiente fue arrojada al lago y se convirtió en pez, esto indicaba que cuando la batalla concluyera, yo regresaría al mismo lago (la iglesia) y recuperaría la cosecha.

Es importante observar que de hecho solamente algunos pocos sueños, y no todos, son sueños espirituales del Señor, el resto son únicamente sueños. Sin embargo, cuando un sueño contiene algún simbolismo encontrado en la Biblia y lo perturba durante muchos días, puede indicar una advertencia o un mensaje del Señor.

LA VELOCIDAD DE LOS ÁNGELES

A lo largo de las Escrituras, podemos ver que se les daban muchas tareas y responsabilidades a los ángeles del Señor. Hay muchos ángeles asignados para ministrar delante del trono de Dios. Sabemos que hay querubines que son guardianes de la presencia de Dios. Isaías vio un serafín con seis alas de cada lado, gritando: "Santo, santo, santo, Jehová de los ejércitos" (Isaías 6:1-2). Juan, en Apocalipsis, reveló que hay "seres vivientes" cada uno con un rostro diferente (un becerro, un león, un águila y un hombre), llenos de ojos, que dicen: "Santo, santo, santo es el Señor Dios Todopoderoso, el que era, el que es, y el que ha de venir", continuamente delante del trono de Dios (Apocalipsis 4:7-8). Los ángeles más comunes son simplemente *espíritus ministradores* enviados para ministrar a aquéllos que son herederos de la salvación (Hebreos 1:14).

Siempre me ha encantado la diferencia entre un cuerpo terrenal y un cuerpo espiritual. En un cuerpo terrenal de carne y sangre, estamos limitados. Solamente podemos viajar a cierta velocidad, tal como en una cabina presurizada de un jet militar o una nave espacial. Si la velocidad (las fuerzas G) aumentaran, la presión arrancaría la piel de nuestro cuerpo. Tampoco podemos movernos a través de cuerpos sólidos como una pared. Sin embargo, el mundo espiritual no está limitado a las restricciones humanas. Los ángeles son espíritus y pueden moverse más rápido que la velocidad de la luz.

> EL SEÑOR AMA TANTO A LOS NIÑOS QUE ASIGNA ÁNGELES PROTECTORES PARA CUIDARLOS Y PROTEGERLOS DEL PELIGRO.

Ezequiel vio querubines moviéndose en los cielos y dijo que "corrían y volvían a semejanza de relámpagos" (Ezequiel 1:13-14). La luz viaja a 300,000 kilómetros por segundo. La tierra tiene aproximadamente 40,233 kilómetros de circunferencia en el ecuador. Esto significa que la luz podría viajar alrededor de la tierra casi 7.5 veces en solo un segundo (300,000 kilómetros por segundo divididos entre 40,233). En el reino terrenal, si los ángeles pueden viajar a la velocidad de la luz, entonces pueden llegar a escena en su tiempo de dificultad en el momento en el que usted diga: "¡Ayuda!".

Permítame añadir que un espíritu no está limitado a las paredes, las puertas o a otros objetos. Incluso Cristo en su cuerpo resucitado podía atravesar una puerta cerrada (Juan 20:19). Existe un tipo de *transporte* que es más rápido que la velocidad de la luz, y es la velocidad del pensamiento. El mundo espiritual puede de hecho viajar a la velocidad del pensamiento, que hasta ahora es imposible de determinar. Los seres angelicales pueden estar en el trono en el cielo, y estar inmediatamente en la atmósfera sobre la tierra. Cuando el ángel le apareció a Daniel y le informó que durante veintiún días la respuesta a su oración había sido obstaculizada por un espíritu demoníaco en el cielo, el ángel le dijo: "Desde el primer día que dispusiste tu corazón a entender y a humillarte en la presencia de tu Dios, fueron oídas tus palabras; y a causa de tus palabras yo he venido" (Daniel 10:12). Las palabras de Daniel ascendieron desde Babilonia y fueron escuchadas ese mismo día en el cielo. El ángel vino el mismo día trayendo respuesta, pero fue contenido por el príncipe maligno del reino de Persia (Daniel 10:13). Los ángeles pueden viajar de la parte más alta del cielo en los linderos del universo a la tierra y de regreso, simplemente pensando a dónde quieren ir.

LAS MISIONES DADAS A LOS ÁNGELES

Existen varios datos interesantes acerca de los ángeles que se encuentran a lo largo de las Escrituras. Entre estos se encuentran los siguientes:

- Los ángeles no necesitan reposo (Apocalipsis 4:8).
- Los ángeles pueden ser visibles e invisibles (Números 22:22; Hebreos 13:2).
- Los ángeles pueden descender a la tierra y ascender al cielo (Génesis 28:12; Juan 1:51).
- Los ángeles tienen su propio idioma (1 Corintios 13:1).
- Los ángeles son innumerables (Hebreos 12:22).
- Los ángeles usan vestiduras blancas (Juan 20:12).
- Los ángeles comen una comida llamada *maná* (Salmos 78:25, NVI).
- Los ángeles aparecen algunas veces en forma humana (Hebreos 13:2).

A lo largo de la Biblia, podemos leer las tareas que les son asignadas a los ángeles. Solamente mencionaré algunas de las muchas tareas que se encuentran en la Escritura. Entre ellas se encuentran las siguientes:

- Proteger las puertas (Apocalipsis 21:12).
- Guardar el árbol de la vida (Génesis 3:24).
- Custodiar el abismo (Apocalipsis 10:1-2).
- Llevar a los justos al paraíso después de la muerte (Lucas 16:22).
- Ejecutar juicio sobre los impíos (Apocalipsis 15:1-16).
- Ayudar en darle la Ley a Moisés (Hebreos 2:2).
- Separar a los justos de los impíos en el juicio (Mateo 13:39-41).
- Reunir a los elegidos después de la Tribulación (Mateo 24:31).

Es importante descubrir la manera en la que los ángeles están involucrados en la vida de los creyentes en un nivel más personal y práctico. El Señor se preocupa por cada aspecto de nuestra vida. Cristo mencionó cómo el Padre alimenta a los cuervos y cómo crecen los lirios en el campo; y si cuida de las aves y las flores, ciertamente cuida de nosotros (Lucas 12:24-28).

LOS ÁNGELES SON ASIGNADOS A LOS NIÑOS

Mirad que no menospreciéis a uno de estos pequeños; porque os digo que sus ángeles en los cielos ven siempre el rostro de mi Padre que está en los cielos.

—MATEO 18:10

Los niños eran atraídos a Cristo durante su ministerio en la tierra. Los padres llevaban a sus hijos con Cristo y le pedían que pusiera sus manos sobre ellos para bendecirlos (Marcos 10:13). Esta era una costumbre antigua entre los patriarcas (Abraham, Isaac y Jacob). Asimismo, era común para los padres pedirle a un justo, por ejemplo a un rabino, ofrecer una oración especial a favor de sus hijos. Los discípulos se molestaron con los muchos padres que llevaban a sus hijos con Jesús, y en una ocasión, intentaron evitar que las madres y los padres recibieran esta oración de bendición (Marcos 10:13-14).

Cristo les preguntó a sus seguidores quién pensaban que era el mayor en el reino (Mateo 18:1). Le pidió a un niño que se acercara y dijo: "De cierto os digo que si no os volvéis y os hacéis como niños, no entraréis en el reino de los cielos. Así que, cualquiera que se humille como este niño, a mí me recibe" (Mateo 18:3-4). ¡Yo les digo a las congregaciones que Cristo dijo que fuéramos como niños y no infantiles! El amor de Cristo hacia los niños también se demuestra en la advertencia que dio inmediatamente después de este mismo versículo:

> Y cualquiera que reciba en mi nombre a un niño como este, a mí me recibe. Y cualquiera que haga tropezar a alguno de estos pequeños que creen en mí, mejor le fuera que se le colgase al cuello una piedra de molino de asno, y que se le hundiese en lo profundo del mar.
>
> —MATEO 18:5-6

Cuatro versículos después, Jesús reveló que los pequeños tienen ángeles a los que Él llama "sus ángeles". Dijo que estos ángeles guardianes siempre observan el rostro del Padre celestial. Es un delito grave para una persona, especialmente para un adulto, lastimar física, emocional o espiritualmente a un pequeño. Las palabras "pequeños" o "pequeñitos" se mencionan en seis ocasiones en la versión Reina-Valera del Nuevo Testamento (Mateo 10:42; 18:6,10 y 14; Marcos 9:42; Lucas 17:2). La palabra griega para "pequeño" o "pequeñito" es *mikros,* y se refiere a algo que es pequeño, o a lo más pequeño.

Durante los primeros años de mi ministerio, escuché a pastores afirmando que no querían gastar dinero mandando autobuses o camionetas para recoger a los niños, porque muchos de ellos eran pobres y no podían dar para sustentar a la iglesia. En mi opinión, tal afirmación ofende a un pequeño. Algunos pastores simplemente no tienen corazón de pastor.

A menudo, escuchamos hablar de un hombre o una mujer que maltrata a sus propios niños, ya sea física o psicológicamente, causando daños físicos y un daño emocional permanente en los niños.

Como evangelista adolescente a finales de la década de 1970, recuerdo haber ministrado en Virginia. Siendo un adolescente, mi joven ministerio atrajo a muchas personas jóvenes de mi edad y más jóvenes aún, que a menudo asistían a mis reuniones de avivamiento, solamente para escuchar predicar a alguien de su edad. En varias ocasiones, algún adolescente de otra denominación respondía al llamado al altar y recibía una experiencia espiritual definitoria, para después regresar a casa y ser fustigado por uno o ambos padres. Nunca olvidaré un día en mayo de 1979, cuando un hombre, un diácono de una iglesia tradicional en Richmond, Virginia, le dijo al pastor de una iglesia en la que yo predicaba: "Preferiría ver que mi hijo se fuera al infierno a que asistiera a una reunión de avivamiento de una iglesia de diferente denominación a la mía". Este es el mismo espíritu que tenían los *hijos del trueno* (Jacobo y Juan) cuando le pidieron a Jesús que quemara la ciudad de Samaria por haber evitado que Jesús compartiera en la ciudad (Lucas 9:51-54).

Cuando mi padre pastoreaba en el norte de Virginia, uno de los miembros de su iglesia, que era un ex militar, viajaba ocasionalmente a las iglesias locales para predicar en reuniones especiales. Le dijo a Papá que en una ocasión dos hermosos niños que habían sido invitados a un servicio de la iglesia respondieron al llamado al altar y se arrodillaron para pedirle a Cristo que entrara en su corazón, al frente de la iglesia. El padre incrédulo, que se había enterado de que los niños estaban en el santuario, manejó hacia la iglesia, irrumpió en el pasillo, levantó bruscamente a los niños del altar y les dijo que debían ir a casa con él de inmediato. Cuando el ministro intentó calmar al padre y le comunicó la seriedad de sus acciones, el padre levantó las llaves de su automóvil y gritó: "¡El día que mis hijos regresen a cualquier iglesia será el día en que mis llaves se derritan en el infierno!". Más tarde, los miembros de la iglesia se sorprendieron cuando se enteraron de que el padre había sido golpeado a muerte en su patio trasero por un relámpago. ¡En su bolsillo encontraron que las llaves del coche se habían derretido por el relámpago!

Una persona no puede ofender a los pequeños (los niños) sin ofender al ángel del Señor asignado a protegerlos. El mismo faraón que le pidió a las parteras que lanzaran a los recién nacidos de los hebreos al río, se ahogó en las aguas del Mar Rojo. Herodes, quien mató a los niños menores de dos años en Belén, murió de un dolor espantoso que se le complicó con gangrena.

LOS ÁNGELES PELEARÁN EN
CONTRA DE SUS ENEMIGOS

El escritor del Salmo 35 le pidió a Dios que lo liberara de los que lo perseguían. Como la persecución está garantizada en la vida de un verdadero creyente, Dios no permitirá que los enemigos de la fe continúen oponiéndose al Evangelio sin su intervención sobrenatural. El salmista pidió:

> Sean como el tamo delante del viento, y el ángel de Jehová los acose. Su camino sea tenebroso y resbaladizo, y el ángel de Jehová los persiga.
>
> —SALMOS 35:5-6

Kelvin McDaniel, uno de nuestros amigos cercanos y misionero del ministerio, ha experimentado el vallado protector de Dios de primera mano en varias ocasiones. Después de regresar de Indonesia hace varios años, compartió este sorprendente relato de primera mano de la intervención angelical de Dios a favor de una iglesia ubicada en medio de la población islámica más grande del mundo. Lo siguiente es una cita de una carta que el misionero McDaniel envió a mi oficina:

> Después de años de terrorismo contra los cristianos en Indonesia, muchas de las iglesias de madera han sido quemadas en áreas remotas y en las islas. Durante un viaje de misiones a Indonesia, dos queridos creyentes indonesios me pidieron que predicara en una iglesia remota en Java Occidental, que era una de las iglesias de madera que aún permanecía en pie, ya que cada estructura (iglesia) propensa a ser quemada en un radio de ciento sesenta y un kilómetros había sido quemada completamente.

Después de llegar un lunes en la noche, el pequeño y blanco edificio de madera, que solamente podía albergar a doscientas personas, estaba abarrotado. Colocaron altoparlantes gigantes afuera para que las comunidades musulmanas pudieran escuchar el mensaje más allá de un kilómetro y medio en todas las direcciones. Después del servicio, donde se ganaron varias almas para Cristo, nos subimos al automóvil y regresamos a la ciudad. El martes, aproximadamente a las cinco, después de llegar al aeropuerto, sonó el teléfono celular del traductor, era el pastor de la pequeña iglesia de madera que pedía desesperadamente hablar conmigo para platicarme un suceso asombroso que había ocurrido.

Esa mañana, un camión de plataforma lleno de terroristas islámicos llegó a la puerta del frente de la iglesia. El pastor y su familia viven al lado, en un apartamento de tres habitaciones. Los hombres comenzaron a arrastrar un barril de petróleo de doscientos litros lleno de combustible, y lo derramaron en las escaleras, y forzaron la puerta para derramarlo en el santuario de la pequeña iglesia. El combustible cubría el suelo, y el olor a gasolina llenó el edificio. La esposa del pastor salió gritando para que no quemaran el edificio. Les dijo que sus hijos estaban en el apartamento y que esa era la casa de Dios. Después cayó de rodillas sobre la mezcla de combustible, lodo y césped, pidiéndoles que no quemaran la casa de Dios.

Los fanáticos comenzaron a gritar que estaban haciendo la obra de Dios al quemar la iglesia falsa. El líder lanzó el barril ya vacío por encima de las escaleras y hacia el interior del edificio. La esposa del pastor comenzó a rogar en oración para que la mano del Señor estuviera con ella y con su familia, y con el edificio de la iglesia.

Mientras el camión con los hombres arrancaba para alejarse del peligro, un hombre sacó una caja de cerillos. Cuando intentó pasar el cerillo por el costado de la caja, no pasó nada. Hurgó en la caja, y sacó otro cerillo, pero tuvo el mismo resultado. Para entonces, cientos se habían reunido para ver el resultado del ataque a la iglesia cristiana. Después de varios intentos, lanzó un terrible grito espeluznante y comenzó a correr con el rostro helado de miedo. Iba agarrándose la cabeza y gritaba con un terror tan intenso que parecía que había perdido la razón.

Finalmente, alguien lo derribó para evitar que se hiciera daño y para evaluar su problema. Él comenzó a aventar a la gente que trataba de mantenerlo en el suelo, arrastrándolo hacia atrás por el suelo como si fuera un animal sometido. Sus ojos estaban completamente abiertos, y su rostro revelaba terror puro. Aquellos que relataron la historia dijeron que tenía un miedo semejante a cuando un hombre es llevado a la hoguera.

Al final, se tranquilizó lo suficiente para decir con labios temblorosos lo que había sucedido. Mientras contaba la historia, entre suspiros pesados, volteaba su cabeza y gritaba temeroso como si algo lo fuera a atacar por detrás. Al fin dijo que cuando trataba de encender el último cerillo y que se apagó, que un ángel de Dios estaba parado directamente frente a su rostro y le dijo algo a tan alta voz que pensó que todo el mundo lo había escuchado. Paralizado momentáneamente por el miedo, vio los ojos de este mensajero, que proclamaba: "Soy un mensajero del Dios Altísimo, enviado para advertirte de manera que tú le adviertas a otros que esta es la verdadera tierra santa de Dios, y que morirás si no huyes".

Cuando el pastor me relató esta poderosa historia en el teléfono celular, estaba en el aeropuerto. Comencé a llorar, y mientras escuchaba, pude escuchar al pastor decir: "Hermano, ¿puedes escuchar algo? ¿Escuchas los gritos detrás de mí mientras hablamos?". Apenas podía escuchar la voz de alguien gritando a lo lejos en el teléfono, pero no podía entender sus palabras. Del otro lado de la línea, el pastor sostenía su teléfono celular en el aire para que yo pudiera escuchar la voz del hombre. Este gritaba en su idioma natal, y yo no podía interpretarlo. El pastor me dijo que era el mismo hombre que aquella mañana había intentado quemar la iglesia. ¡Iba de techo en techo gritando su historia a todos, trayendo a muchos a la salvación en los jardines del pueblo y bajo los árboles! Me recordó el versículo en la Biblia: "Y el ángel de Jehová los acose".

¡Esta asombrosa historia muestra que el Señor se preocupa por su pueblo y traerá juicio sobre los que dañan a los que lo siguen o que destruyen su iglesia!

LOS ÁNGELES SE MUEVEN POR NUESTRAS ORACIONES

Entonces me dijo: Daniel, no temas; porque desde el primer día que dispusiste tu corazón a entender y a humillarte en la presencia de tu Dios, fueron oídas tus palabras; y a causa de tus palabras yo he venido. Mas el príncipe del reino de Persia se me opuso durante veintiún días; pero he aquí Miguel, uno de los principales príncipes, vino para ayudarme, y quedé allí con los reyes de Persia.

—DANIEL 10:12-13

El pasaje anterior se refiere a un asombroso incidente en la vida del profeta hebreo Daniel. Este siervo de Dios fue llevado de su tierra en Israel para servir al rey Nabucodonosor y a otros reyes del imperio babilonio durante setenta años de cautividad. Bajo el tiempo de Daniel, hubo varios sueños y visiones proféticos que fueron revelados al rey y a Daniel. En una ocasión, Daniel no podía entender una visión profética extraña y perturbadora. Esto lo llevó a un ayuno de veintiún días y a un periodo de oración para rogarle a Dios que le aclarara su entendimiento de lo desconocido.

Durante tres semanas completas, Daniel ayunó y oró, y no pudo lograr ningún avance en los cielos, que eran como de bronce. Él no sabía que dos ángeles estaban involucrados en un conflicto cósmico en los cielos arriba de la metrópolis de Babilonia. Finalmente, el mensajero de Dios (muchos creen que fue Gabriel) pidió refuerzos y fue ayudado directamente por el arcángel Miguel quien detuvo a un espíritu llamado *el príncipe del reino de Persia.* Esta entidad demoníaca fue lo que Pablo identificó después como un principado (Efesios 6:12), que es un espíritu gobernante que influencia a los gobiernos de las naciones, ciudades y provincias.

Ese ángel reveló que había ido con Daniel a causa de sus "palabras". Estas palabras eran las oraciones que el profeta había enviado al templo celestial, pidiéndole a Dios que le trajera entendimiento. Gabriel es el ángel principal que trae revelación especial del trono de Dios y que ya le había aparecido a Daniel dos veces, dándole al profeta hebreo una visión de los eventos proféticos que se desencadenarían en el futuro (vea Daniel 8:16; 9:21). La Biblia es clara en que a veces Dios manda las respuestas a las oraciones por medio de ángeles.

En el tiempo del segundo templo, había un sacerdote llamado Zacarías. Su esposa, Elisabet, y prima de María la madre de Jesús, era una mujer mayor y nunca había concebido. Una mañana, mientras Zacarías quemaba incienso en el altar de oro en el templo de Jerusalén, el ángel Gabriel apareció del lado derecho del altar con un mensaje, diciendo que Elisabet, la esposa de Zacarías, concebiría y daría a luz un hijo llamado *Juan,* que vendría en el "espíritu y poder de Elías" (Lucas 1:4-17). Zacarías se asustó, posiblemente porque tenía que estar solo en el lugar santo mientras ofrecía el incienso, y este *extraño* había entrado, lo que haría que el juicio de Dios de pronto cayera sobre ambos. Además, en la tradición judía, el lado derecho del altar estaba reservado para Dios mismo. ¡Tal vez, Zacarías tenía temor de morir si el que se había aparecido era el Señor! El ángel anunció: "No temas Zacarías, porque tu oración ha sido escuchada" (Lucas 1:13).

Aquí estaba un sacerdote del templo quemando incienso en el altar de oro, lo que, de acuerdo con las Escrituras, representa las oraciones de los santos que subían a Dios en su templo celestial. El salmista sabía esto cuando escribió: "Suba mi oración delante de ti como el incienso, el don de mis manos como la ofrenda de la tarde" (Salmos 141:2). Es sorprendente que mientras Zacarías presentaba la oración de otros a Dios, el Señor respondió a su propia oración en el altar de oro.

LOS ÁNGELES OBEDECEN LA PALABRA DE DIOS

Bendecid a Jehová, vosotros sus ángeles, poderosos en fortaleza, que ejecutáis su palabra, obedeciendo a la voz de su precepto.

—SALMOS 103:20

Los ángeles están comisionados para hacer cumplir la Palabra o las instrucciones que Dios les da. También les interesa escuchar la Palabra de Dios predicada por los mortales. Pedro escribió:

> A estos les reveló que no para sí mismos, sino para nosotros, administraban las cosas que ahora os son anunciadas por los que os han predicado el evangelio por el Espíritu Santo enviado del cielo; cosas en las cuales anhelan mirar los ángeles.
>
> —1 PEDRO 1:12

JENTEZEN FRANKLIN Y YO

Mi esposa y yo hemos sido amigos cercanos de Jentezen y Cherise Franklin durante muchos años. Conocí a Jentezen en Gastonia, Carolina del Norte, en abril de 1982, poco después de que mi esposa y yo nos casamos. ¡De hecho, me casé un viernes y comencé un avivamiento de tres semanas (llamado *Avivamiento de luna de miel* por el pastor de la iglesia) el domingo en la noche! Jentezen y yo nos hicimos buenos amigos, y en una ocasión le pedí que me acompañara a Rumania. El comunismo había colapsado y la nación estaba abierta para reuniones de evangelización. Había gastado tiempo y dinero preparando este evento.

Cuando llegamos a la primera ciudad, alguien había destruido todos los carteles, y había una gran división entre varias iglesias. Regresamos al hotel, y yo estaba un poco desalentado. Parecía que todo el conjunto de reuniones iba a ser obstaculizado y afectado a lo largo del viaje.

Además, estaban cortando la electricidad de la ciudad en la noche. Había una pequeña luz de la calle afuera del hotel, y el cuarto estaba muy oscuro. Permanecimos despiertos en la oscuridad, conversando hasta cerca de las tres de la mañana. Nunca olvidaremos el momento en el que una *presencia* se acercó a la puerta del cuarto, y, de pronto, todo el cuarto se iluminó. Podíamos ver las fotografías en las paredes, el espejo, las sillas y ambas camas. Mientras esta presencia se movía por el cuarto y entre las dos camas, nuestros vellos se erizaron. Ambos comenzamos a orar, a llorar y a regocijarnos. Esta luz en la habitación y la presencia continuó durante cerca de treinta minutos, y de pronto se desvaneció y se fue. Ambos expresamos estar 100 por ciento seguros de que un ángel del Señor había sido enviado para fortalecernos y animarnos.

Al día siguiente, comenzamos a viajar de ciudad en ciudad ministrando en grandes salones y centros de convenciones, con multitudes que asistían a cada reunión. Cientos vinieron a Cristo, y no hubo estorbo alguno durante todo el viaje. Después de varios días de ministrar, ambos sentimos que la presencia finalmente disminuyó cuando cruzamos la frontera entre Rumania y Hungría. Hasta el día de hoy, ambos creemos que el Señor conocía la oposición que nosotros, como ministros jóvenes estábamos experimentando, y cuando le pedimos a Dios su ayuda, Él mandó un mensajero especial para que fuera delante de nosotros, como el Señor le dijo a Moisés: "He aquí mi ángel irá delante de ti" (Éxodo 32:34).

Capítulo 7

CINCO COSAS QUE OFENDEN
A LOS ÁNGELES DE DIOS

> Y no contristéis al Espíritu Santo de Dios,
> con el cual fuisteis sellados para el día de le
> redención.
>
> —EFESIOS 4:30

E N ESTE CAPÍTULO, VAMOS A ANALIZAR DE CERCA LA OFENSA
contra los ángeles de Dios. Vemos en Efesios 4:30 que es
posible contristar al Espíritu Santo. Este versículo dice: "Y no
contristéis al Espíritu Santo de Dios".

Así como es posible contristar el Espíritu Santo, también se
puede contristar al Padre. Dios se contristó por la inconstan-
cia y desobediencia de los hijos de Israel cuando iban hacia la
Tierra Prometida. En el Salmo 95 nos advierte:

> No endurezcáis vuestro corazón, como Meriba, como
> en el día de Masah en el desierto, donde me ten-
> taron vuestros padres, me probaron, y vieron mis
> obras. Cuarenta años estuve disgustado con la nación,
> y dije: Pueblo es que divaga de corazón, y no han

> conocido mis caminos, por tanto, juré en mi furor que
> no entrarían en mi reposo.
>
> —SALMOS 95:8-11

De igual manera, se puede contristar el corazón de Jesús. Varias veces en el Nuevo Testamento, Jesús reprendió a los discípulos por su incredulidad. Incluso lloró en la tumba de Lázaro, no por su muerte, ya que sabía que lo iba a resucitar de los muertos. Más bien, lloró por la incredulidad de la gente que lo rodeaba (vea Juan 11).

Vamos un paso más allá. Si podemos contristar al Espíritu Santo, al Padre y a Jesucristo, entonces es también posible ofender o contristar al ángel del Señor. En este capítulo, veremos que no solamente es posible hacerlo, sino que también conoceremos cinco cosas que contristan al ángel de Dios.

Los mensajeros angelicales son mensajeros especiales de Dios, designados por Dios mismo. Ya hemos aprendido que los ángeles más comunes se llaman *espíritus ministradores* (Salmos 104:4). Ellos actúan de acuerdo a los propósitos de Dios para cumplir una obra, tarea o misión específica del Señor.

¿QUÉ SUCEDE CUANDO UNO OFENDE A SU ÁNGEL?

Antes de que hablemos sobre las cinco cosas que pueden ofender a un ángel, veamos lo que puede pasar cuando un ángel es ofendido. Hay una historia en la Biblia que nos da una mirada gráfica de esto. En 1 Crónicas 21:1, se nos dice: "Pero Satanás se levantó contra Israel, e incitó a David a que hiciese censo de Israel". David envió al general Joab a toda la tierra para saber cuántas personas tenían.

En Éxodo 30:11-12 vemos que Dios le dio instrucciones claras a Moisés de que cuando se hiciera un censo al pueblo de Israel, todo hombre debía pagar medio siclo al Señor para el rescate de su persona, o como el precio de su redención. David contó a la gente, pero no pagó la mitad del siclo. La desobediencia de David enfureció a Dios, así que mandó una plaga, y setenta mil hombres murieron como resultado (ver 1 Crónicas 21:14).

Dios mandó a un ángel a destruir Jerusalén, la ciudad de David, que se encuentra en lo que hoy es el monte Moriah. Cuando el rey David vio la destrucción que Dios estaba trayendo sobre Jerusalén, se dio cuenta que Dios estaba mandado juicio por causa de su pecado. Cuando miró desde donde estaba en las faldas del monte Moriah, vio al "ángel de Jehová que estaba entre el cielo y la tierra, con una espada desnuda en su mano, extendida contra Jerusalén" (1 Crónicas 21:16). David y los ancianos de inmediato se vistieron de cilicio y se postraron sobre su rostro en arrepentimiento. "Miró Jehová y se arrepintió de aquel mal, y dijo al ángel que destruía: Basta ya; detén tu mano" (v. 15).

David corrió a la cima del monte y compró la heredad de Ornán el jebuseo para poder erigir un altar al Señor. Descubrimos que también Ornan había visto al ángel del Señor, y con gran temor ofreció darle a David todo lo que tenía, la tierra y todo. Pero David no lo iba a aceptar sin pagar el precio total.

Fue entonces que David "edificó un altar a Jehová, en el que ofreció holocaustos y ofrendas de paz, e invocó a Jehová, quien le respondió por fuego desde los cielos en el altar del holocausto" (v. 26).

Este es un ejemplo de un hombre que intencionadamente escogió desobedecer a Dios, y de un ángel enfurecido. Esa misma montaña es el lugar donde Abraham también construyó un altar y ofreció voluntariamente en sacrificio a su hijo Isaac, en obediencia a Dios. Y, por supuesto, el monte Moriah es el lugar en el que Jesús, el hijo del Dios viviente, fue crucificado y pagó el precio de nuestra redención.

EL ÁNGEL DEL SEÑOR COMO JESÚS ANTES DE SER ENCARNADO

Existe un pasaje muy importante acerca de un ángel en Éxodo 23:

> He aquí yo envío mi Ángel delante de ti para que te guarde en el camino, y te introduzca en el lugar que yo he preparado. Guárdate delante de él, y oye su voz; no le seas rebelde; porque él no perdonará vuestra rebelión, porque mi nombre está en él. Pero si en verdad oyeres su voz e hicieres todo lo que yo te dijere, seré enemigo de tus enemigos, y afligiré a los que te afligen. Porque mi Ángel irá delante de ti.
>
> —ÉXODO 23:20-23

He aquí el escenario: Los hijos de Israel salían del cautiverio de Egipto y necesitaban saber la dirección que iban a tomar en el desierto. No había mapas de carreteras, señalamientos o sistemas de navegación GPS que los dirigieran. Dios les había dicho que no los iba a llevar por la tierra de los filisteos por el mar: "Para que no se arrepienta el pueblo cuando vea la guerra, y se vuelva a Egipto" (Éxodo 13:17-18). En cambio, Dios dijo que dirigiría a su pueblo por el camino del desierto del Mar Rojo.

Yo solía frustrarme con los israelitas que se quejaron y riñeron tanto durante los años que pasaron deambulando por el desierto. Pero con los años, he andado por los mismos desiertos en autobuses de gira y, créame, ahora entiendo. El calor que emanan las rocas y la arena es intolerable; de verdad es la "tierra de nadie".

Sin embargo, Dios ya había determinado una manera de llevarlos y darles dirección. Él iba a mandar un ángel delante de ellos para mantenerlos en el camino correcto y llevarlos a la tierra que Él les había prometido.

Es importante observar que en Éxodo 23:20, Dios dijo que Él mandaría "un Ángel" para guiarlos. Unos versículos después, Dios cambia y dice: "Mi Ángel" (v. 23). Dios da una pista inusual acerca de este ángel cuando dice: "Mi nombre está en Él" (v. 21). Dios tenía muchos nombres, entre ellos *El Shaddai, El-Elyon, Adonai y El,* que es la raíz de un nombre para *Dios* en el Antiguo Testamento (Deuteronomio 5:9). Los dos ángeles más reconocidos en la Biblia son Gabriel y Miguel, ambos nombres contienen la partícula *el,* ¡el nombre de Dios! En Éxodo 6:3, Dios se reveló a sí mismo como *Jehová,* que en hebreo aparece como cuatro letras (*YHVH*), llamadas el *tetragrámaton.* Muchos judíos hoy en día no intentan siquiera pronunciar el nombre porque lo consideran muy sagrado para decirlo. Cuando lo escriben, a menudo, dejan la palabra en blanco o escriben el nombre como "D--S".

Este es un ángel especial, no es un príncipe guerrero o un ángel guerrero normal. Se les dijo a los israelitas: "Guárdate delante de él, y oye su voz; no le seas rebelde; porque él no perdonará vuestra rebelión" (Éxodo 23:21). Este ángel debió haber sido algo más que un ángel normal. Aunque no era Dios, porque solamente Dios puede perdonar los pecados, y este ángel no podía hacerlo.

Muchos teólogos creen que este ángel era Jesús preencarnado.

Preencarnado significa simplemente su existencia antes de su encarnación o nacimiento. Hay muchos otros lugares en el Antiguo Testamento en los que Jesús se ve en su estado preencarnado como el ángel del Señor.

- Después de que Agar se embarazó de Ismael y fue echada del campamento de Abraham, vemos que "el ángel del Señor la halló junto a una fuente de agua en el desierto, junto a la fuente que está en el camino de Shur" (Génesis 16:7).
- Más tarde, cuando Abraham echó a Agar y a Ismael por la insistencia de Sara, Agar caminó una corta distancia por el desierto y cayó, llorando por su situación. Después vemos que el "ángel de Dios llamó a Agar desde el cielo" y la ministró, dándole una promesa de que Dios haría de Ismael una gran nación (Génesis 21:17-19).
- El ángel del Señor peleó con Jacob (Génesis 32:24-30).
- El ángel del Señor le habló a Moisés a través de una zarza ardiendo (Éxodo 3:1-14).
- El ángel del Señor se puso en el camino de Balaam e hizo que el asna hablara (Números 22:22-38).
- El ángel del Señor, como príncipe del ejército del Señor, le dijo a Josué que destruyera Jericó (Josué 5:13-6:5).
- El ángel del Señor llamó a Gedeón para dirigir a los israelitas contra los madianitas (Jueces 6:11-24).

■ El ángel del Señor fue el cuarto hombre en el
   horno de fuego con Sadrac, Mesac y Abed-nego
   (Daniel 3:28).

¿Acaso fue Cristo mismo quien bajó como el ángel del
Señor? Creo que es muy probable. Normalmente cuando
Miguel el arcángel o Gabriel el mensajero de Dios aparecen en
la Biblia, se mencionaba sus nombres (vea Daniel 10:13; Lucas
1:19, 26; Judas 9; Apocalipsis 12:7).

Nunca se menciona el nombre de este ángel comisionado
para dirigir a los israelitas hacia la Tierra Prometida. Su nombre es secreto. Creo que fue Jesucristo preencarnado en la
forma del ángel del Señor quien asistió a estos personajes del
Antiguo Testamento.

"NO LE SEAS REBELDE"

Se le ordenó al pueblo de Israel no rebelarse delante del Ángel
del Señor. Si lo hacían, estarían en serios problemas. La palabra
original para *ser rebeldes* significa *provocar*, o bien, contristar
en gran manera o irritar a una persona. Esto es exactamente lo
que los israelitas hicieron con su incredulidad, sus contiendas
y sus quejas. Como consecuencia, rápidamente vinieron serios
problemas:

1. Se quejaron por caminar tanto en el desierto:

Aconteció que el pueblo se quejó a oídos de Jehová; y
oyó Jehová y ardió su ira, y se encendió en ellos fuego
de Jehová, y consumió uno de los extremos del campamento. Entonces el pueblo clamó a Moisés, y Moisés oró

a Jehová, y el fuego se extinguió. Y llamó aquel lugar
Tabera, porque el fuego de Jehová se encendió en ellos.
—Números 11:1-3

2. Se quejaron de la mujer cusita que tomó Moisés:

María y Aarón hablaron contra Moisés a causa de la
mujer cusita que había tomado; porque él había tomado
mujer cusita [...] Entonces la ira de Jehová se encendió
contra ellos; y se fue. Y la nube se apartó del tabernáculo, y he aquí que María estaba leprosa como la nieve.
—Números 12:1,9-1

3. Se quejaron por los gigantes en la tierra:

También vimos allí gigantes, hijos de Anac, raza de los
gigantes, y éramos nosotros, a nuestro parecer, como
langostas; y así les parecíamos a ellos.
—Números 13:33

Si este tipo de queja contristó a Dios en el Antiguo Testamento, le garantizo que contristará a Dios en la iglesia del Nuevo
Testamento de nuestros días. Eso es algo que debemos cuidar.

Cuarenta años después de haber salido de Egipto, el ángel
del Señor los trajo a los linderos de la Tierra Prometida. "Estando Josué cerca de Jericó, alzó sus ojos y vio un varón que
estaba delante de él, el cual tenía una espada desenvainada
en su mano" (Josué 5:13). Josué se acercó al hombre y le preguntó: "¿Eres de los nuestros, o de nuestros enemigos?".

El hombre respondió: "No; mas como Príncipe del ejército
de Jehová he venido ahora" (v. 14). La palabra hebrea usada
para "ejército" indica una multitud organizada para la guerra,

un ejército. Uno de los nombres de Dios utilizado en Isaías 1:9, es "Jehová de los ejércitos (Sabaot)". Es la misma palabra usada como *ejército* y es el término para denominar ejército. Creo que el Príncipe del ejército del Señor que estaba ante Josué no era otro que el ángel del Señor que había guiado a Moisés y a los hijos de Israel por el desierto durante cuarenta años. La nube ya se había ido, y el ángel del Señor, el Cristo preencarnado, estaba listo para guiar a Josué y al pueblo a la Tierra Prometida.

CINCO COSAS QUE OFENDEN AL ÁNGEL DEL SEÑOR

Los hijos de Israel provocaron la ira del ángel del Señor, o lo ofendieron con sus acciones una y otra vez en su travesía hacia la Tierra Prometida. Como consecuencia, ellos vagaron durante cuarenta largos años innecesariamente. Aun después de haber tomado posesión de la tierra, siguieron ofendiendo a Dios con sus acciones, y esto trajo como consecuencia que en repetidas ocasiones sus enemigos los acosaran, los vencieran y los tomaran cautivos.

Es importante saber qué es lo que ofende a los ángeles que Dios ha asignado para proteger nuestra vida y dirigirnos en los caminos del Señor para nosotros. Existen cinco cosas que podemos ver que ofenden a los ángeles que nos protegen:

1. Las palabras negativas o hablar mal ofende a los ángeles.

Sus palabras negativas o hablar mal puede ofender a su ángel. El Salmo 103:20 dice:

> Bendecid a Jehová vosotros sus ángeles, poderosos en fortaleza, que ejecutáis su palabra, obedeciendo a la voz de su precepto.

Los ángeles del Señor están comisionados para escuchar y obedecer la voz de su Palabra. La Palabra de Dios activa a los ángeles. Primera de Pedro 1:12 nos dice que los ángeles anhelan mirar la verdad del Evangelio y lo que significa. Están ávidos de conocer acerca de la predicación del Evangelio y anhelan tener conocimiento de la Palabra de Dios sobre la sangre de Cristo y su poder para redimir a la humanidad.

Podemos ver en Hebreos 2:2 que "la palabra que fue dicha por medio de los ángeles fue firme". La Palabra de Dios nos dice que la Ley de Dios fue dada en el monte Sinaí con diez mil ángeles presentes (Deuteronomio 33:2). La Palabra de Dios activa a los ángeles. Creo que de la misma manera, la desobediencia del hombre a la Palabra de Dios, ofende a los ángeles y hace que retengan su protección.

En el tiempo de la liberación de Israel de la esclavitud de Egipto, el faraón fue juzgado por la manera en la que trató al pueblo de Israel. Él actuó en contra de la Palabra de Dios dada a él por medio de Moisés, y como consecuencia, se soltaron plagas en contra de Egipto.

Cuando el pueblo hebreo comenzó a hablar contra Dios en el desierto, las dificultades comenzaron a surgir en su contra, entre ellas plagas y enfermedades. La Biblia registra el número de las plagas:

1. Ellos comenzaron a abusar de su lengua, y vino fuego al campamento y los destruyó (Números 11:1).

2. Cuando la gente comenzó a ansiar la comida abundante que comía en Egipto y se quejaron

y lloraron por comer carne, el Señor les envió codorniz. Pero como juicio por su desobediencia y por abusar de su lengua, vino inmediatamente enfermedad sobre ellos por comer la codorniz (Números 11:4-35).

3. Cuando María y Aarón abusaron de su lengua y se quejaron por la mujer cusita con la que Moisés se había casado, la ira del Señor se encendió sobre ellos, y una plaga de lepra vino sobre María (Números 12:1-6).

4. Cuando los diez espías regresaron informando que los "gigantes en la tierra" eran demasiado poderosos como para vencerlos, la gente comenzó a quejarse de Moisés y del Señor por haberlos traído a una tierra llena de enemigos, y querían escoger otro líder. Aunque Caleb y Josué aseguraron que los podían vencer sin problemas y les pidieron que dejaran de quejarse y que confiaran en la dirección de Dios. En lugar de eso, la gente quiso apedrear a Caleb y a Josué. Como resultado, Dios le dijo a Moisés que toda la generación que se había quejado, moriría sin poder entrar a la Tierra Prometida (Números 13:31-33; 14:1-35).

5. Cuando Coré y su séquito desafiaron a la autoridad y el liderazgo de Moisés y Aarón, e intentaron asumir el liderazgo espiritual de los hijos

de Israel, Dios se enojó y provocó un terremoto para abrir la tierra debajo de las tiendas de Coré y de sus seguidores, y fueron destruidos en el abismo (Números 16:1-40).

6. Al siguiente día en que Dios destruyó a Coré y a su séquito, el pueblo de Israel se quejó de nuevo con Moisés, diciendo que él había matado al pueblo de Dios. Se encendió el furor del Señor, y Dios trajo una plaga que comenzó a matar inmediatamente a los israelitas. Moisés y Aarón comenzaron rápidamente a interceder por la gente y ofrecieron una ofrenda de incienso a Dios en medio del pueblo, y como respuesta, Dios detuvo la plaga, pero 14,700 personas murieron como resultado del juicio de Dios (Números 16:41-50).

7. Después de la gran victoria sobre los cananeos, el pueblo comenzó a cruzar por Edom y se quejaron de nuevo con Moisés y con Dios por tener que andar por el desierto sin sus alimentos favoritos. Como consecuencia, Dios envió serpientes que mordieron a la gente. Como respuesta, Dios dirigió a Moisés a erigir una serpiente de bronce, que protegería a la gente si volteaban a mirarla (Números 21:5-9).

8. Cuando el pueblo de Israel comenzó a cometer adulterio con las mujeres de Moab y comenzó a

adorar a sus dioses, una vez más, Dios mandó
una plaga que destruyó a veinticuatro mil israelitas (Números 25:1-9).

¡El pueblo de Israel era un desastre! Provocaron la ira de Dios
ocho veces por sus murmuraciones, sus quejas y su desobediencia. Qué poderosa ilustración de la verdad, de que la vida y la
muerte están en el poder de la lengua (Proverbios 18:21).

Recuerde que cuando los hijos de Israel comenzaron su
viaje hacia la Tierra Prometida, el Señor dijo que un ángel iría
delante de ellos. Dios le advirtió a la gente que no ofendiera a
este ángel del Señor porque si lo hacían, el ángel impediría que
heredaran la tierra (vea Éxodo 23:20-21 y Jueces 2:1-4). Piense
por un momento acerca de cómo en la actualidad el pueblo de
Dios cae en la trampa y se queja del ministerio, del predicador
y de otros cristianos; como consecuencia, las bendiciones de
Dios son retenidas de sus vidas o en su iglesia.

Permítame darle un ejemplo del ministerio de mi padre. Mi
padre pastoreaba una iglesia en Bailey's Crossroads, Virginia,
la cual creció de diez miembros a más de ciento veinticinco.
En los primeros días de ministerio, mi papá tenía otro trabajo de medio tiempo, y mi mamá también tenía que trabajar
porque no podían mantenerse de la iglesia. En ese tiempo,
había cierto hombre que servía en el consejo pastoral.

Llegó el día en que la iglesia podía darle a mi papá un salario. Cuando eso sucedió, el hombre del consejo comenzó a
quejarse de la necesidad de pagarle a mi papá un salario. Un
día, mientras este hombre estaba en casa, estando cerca de la
ventana, de pronto, dos manos lo golpearon entre los hombros
y fue derribado. Su cabeza golpeó el radiador y el golpe le tiró
los dientes frontales.

¡Como no había nadie más en la casa que él y su esposa, lo primero que pensó fue que había sido su esposa! Sin embargo, ella estaba ocupada cosiendo en otra habitación. Tuvo que ir al hospital para que le cosieran la herida. Él tenía mucho miedo, porque se dio cuenta que habían sido manos reales las que lo habían golpeado.

Permítame ayudarlo a entender lo que creo que le pasó a este hombre, dando un ejemplo de la Palabra de Dios. En Lucas 16:19-31, tenemos la historia de un hombre rico en el infierno que intentó convencer a Abraham de permitir que Lázaro mojara la punta de su dedo en agua y refrescara su lengua, porque estaba siendo atormentado en el fuego (ver v. 24). Siempre había querido saber por qué dijo que su lengua estaba siendo atormentada. Bueno, si va a la historia, verá que antes de que el hombre rico fuera al infierno, un hombre pobre yacía sentado al pie de la mesa intentando saciarse de las migajas que caían mientras el hombre rico comía. Lo mismo que representaba aquello que retenía la ayuda de este hombre al pobre —su boca saciándose— fue lo que Dios decretó que ardiera por la eternidad. El hombre pudo haber usado su boca para ayudar a alguien más y no lo hizo. Tal vez si se hubiera negado a dar dinero al hombre pobre, su cadera hubiera ardido a causa de su codicia.

Como otro ejemplo del ministerio de mi padre, una mujer de su iglesia en Carolina del Norte, creó una disputa durante una reunión de negocios. Mientras papá hablaba, esta mujer se levantó y comenzó a gritar: "¡Sal de él, demonio!".

Lo primero que pensó mi padre, era que seguramente la señora estaba hablando por un sistema de radio de Banda Ciudadana y volteó a ver a la mujer que estaba de pie y le preguntó: —¿A quién le habla, señora?

Ella dijo: —Le hablo a usted.

—¿A quién le llama demonio? —preguntó él.

Ella respondió: —Lo llamo demonio a usted.

La mano izquierda de papá comenzó a moverse bajo el poder de Dios. Él comenzó a hablar en lenguas y reprendió al espíritu del enemigo. Entonces, la mujer salió de la iglesia.

Al día siguiente, la mujer no podía hablar; permaneció sin poder hacerlo durante casi un año. Fue a ver al doctor quien dijo: "No hay explicación alguna para esto. No podemos encontrar nada mal en sus cuerdas vocales. Simplemente se volvió completamente muda". Él le dijo que le costaría miles de dólares viajar a Nueva Orleans para ver a un especialista e intentar descubrir lo que pasó con su voz. Su condición continuó durante varios meses más.

Entonces, un día, el Señor le habló a mi padre diciendo: "Escucha, Fred, esta mujer no se va a arrepentir. Ella es soberbia y no va a arrepentirse por lo que te dijo. Pero sus hijos la necesitan. La sanaré si estás dispuesto a ponerte en la brecha y decirle que la dejas ir y que la perdonas".

Poco tiempo después, mientras yo estaba en una reunión de avivamiento, la mujer asistió al servicio. Cuando mi padre la vio, le pidió pasar al frente. También llamó a mi madre al frente. En voz baja, le dijo que ella no había sanado porque era soberbia y no se arrepentía. Pero Dios le había dicho que si mi madre y él la perdonaban y se ponían en la brecha por ella, Dios la sanaría. Papá y mamá le aseguraron que ya la habían perdonado.

El siguiente día a las seis de la mañana, la mujer había sido completamente sana. Sin embargo, nunca se arrepintió, ¿puede usted creerlo? Su casa se quemó dos veces. Su esposo y ella tuvieron problemas matrimoniales. Hace poco mi padre supo que había muerto en un terrible accidente automovilístico. Pienso que ella no habría sufrido lo que sufrió si no hubiera ofendido al Espíritu Santo al ofender a mi padre.

Ella fue sanada porque mi padre la perdonó y la liberó en el reino espiritual. Él entiende cómo trabaja el reino espiritual y no camina con amargura ni falta de perdón. Pero ella también había ofendido al Espíritu Santo, y ya que no se puede ofender al Espíritu Santo, Dios permitió que viniera un juicio rápido sobre ella.

2. La incredulidad ofende a los ángeles.

Permítame darle otro ejemplo de la Palabra de Dios acerca de cómo un ángel del Señor puede traer juicio sobre usted. En Lucas 1:8-20, Zacarías el sacerdote, estaba a punto de administrar las oraciones en el altar del incienso. Al caminar hacia el altar, vio a un ángel de pie a la derecha del altar del incienso (vea Lucas 1:5-23). La tradición decía que si el sacerdote veía un ángel del Señor del lado derecho del altar, significaba que Dios había bajado. Era un momento muy serio en el que el sacerdote podía morir por la presencia de Dios. Zacarías se llenó de temor. No estaba permitido que nadie más entrara, así que él sabía que no era otro sacerdote quien estaba allí.

El ángel le dijo: "Elisabet te dará a luz un hijo, y llamarás su nombre Juan […] E irá delante de él con el espíritu y el poder de Elías" (vea Lucas 1:13-17).

Ahora bien, esta es información bastante detallada. Zacarías tenía que haber alabado a Dios y haber dicho: "Gracias por venir. Hemos estado orando por tener familia". Pero, ¿acaso fue esto lo que dijo? No, él dijo: "¿En qué conoceré esto?" (vea el v. 18), pidiendo así una señal.

El ángel del señor se ofendió y dijo: "Y ahora quedarás mudo y no podrás hablar, hasta el día en que esto se haga, por cuanto no creíste mis palabras" (v.20). La incredulidad puede ofender a un ángel de Dios.

¡Pero la historia de María en Lucas 1:26-38 es muy diferente! Un ángel le apareció a María diciendo: "Y ahora, concebirás en tu vientre, y darás a luz un hijo, y llamarás su nombre JESÚS. Este será grande, y será llamado Hijo del Altísimo" (vv. 31-32). De manera semejante a la de Zacarías, un ángel aparece para decirle a María que concebiría un hijo llamado Jesús, y le dice Su destino y propósito. Pero, si alguno debiera haber dudado, era María. Era una mujer joven, posiblemente entre catorce y quince años, y ni siquiera estaba casada. Ella era quien podría haber dicho: "Mira, posiblemente te equivocaste de casa. Ni siquiera estoy casada".

En lugar de eso, ella le dijo al ángel: "Hágase conmigo conforme a tu palabra" (v.38). Esto es fe. Ella fue honrada como una mujer de gran fe porque creyó lo que el ángel le dijo.

Queda claro que la incredulidad puede ofender al ángel de Dios. Esa es la historia de los hijos de Israel. Si usted lee Éxodo y Números, verá que la nación de Israel ofendió al ángel del Señor una y otra vez. Zacarías, un sacerdote de Dios, tenía que haber creído las palabras del ángel y no dudar; pero dudó. Sin embargo, María, una joven virgen, escuchó un mensaje que parecía imposible, y aun así creyó.

Dios no honra la incredulidad. Si Dios honrara nuestra incredulidad, estaría completamente contra la ley de la fe, porque la Biblia dice: "Sin fe es imposible agradar a Dios" (Hebreos 11:6). La Biblia dice que fue la incredulidad de la gente de Nazaret lo que impidió que Jesús hiciera muchos milagros en esa ciudad, su pueblo natal (Mateo 13:58). En Mateo 17:20, los discípulos no pudieron echar fuera los demonios de un niño, y Jesús les dio una sola razón: por su incredulidad. Él dijo: "Pero este género no sale sino con oración y ayuno" (v. 21). Eso podría significar "este género de espíritu maligno" o "este tipo de incredulidad"; la única manera de deshacerse de su incredulidad es con oración y ayuno. Dios no honra la incredulidad. La incredulidad puede literalmente detener las bendiciones de Dios.

La incredulidad puede ofender al ángel de Dios. La incredulidad puede entorpecer la sanidad y detener las bendiciones de Dios en general. Debemos tener cuidado de lo que decimos y de cómo lo decimos.

3. El pecado ofende a su ángel.

En Juan 5:1-15, encontramos la historia de un hombre cojo que había estado recostado junto al estanque de Betesda durante treinta y ocho años, esperando ser el primero en entrar al agua cuando el ángel venía y agitaba las aguas. Cuando Jesús lo vio acostado, le dijo de inmediato: "Levántate, toma tu lecho y anda" (v. 8). Este hombre sanó instantáneamente. Entonces Jesús le dijo: "Mira, has sido sanado; no peques más, para que no te venga alguna cosa peor" (v. 14). Una persona puede ser sanada y liberada de un pecado, pero si regresa al pecado, abrirá la puerta para que ese pecado en particular venga sobre ella.

Cuando hablamos de pecado, pensamos en adulterio, fornicación, mentira, asesinato, robo y demás. Pero recuerde que ofender con sus palabras (quejarse, criticar y hablar cosas negativas del Espíritu de Dios) también es un pecado, y será juzgado conforme a ello.

Una vez, estaba predicando en unas reuniones de avivamiento

en Carolina del Sur, las cuales duraron tres semanas. Una noche, un hombre al cual había visto en los servicios noche tras noche, se me acercó. Siempre que hablaba con él, me citaba un pasaje, así que yo pensaba que ese hombre era un hombre de fe. Me dijo:

—Pastor, quiero que ore por mí. Me estoy quedando sordo de ambos oídos.

Le pregunté: —¿Por qué se está quedando sordo? ¿Puede decirme por qué se está quedando sordo?

—No —contestó— no pueden decirme por qué me estoy quedando sordo. Pero quiero un milagro —y empezó a citar pasajes de sanidad.

De manera que puse mis dedos en sus oídos y comencé a orar. Cuando comencé, el Espíritu Santo me dijo: "Saca tus dedos de sus oídos. Él me ha ofendido". Pensé: *¿Qué pudo haber hecho? ¿Por qué me detuvo el Señor?* Pensé: *Voy a intentarlo de nuevo*, y probé a los espíritus para ver qué era lo que estaba pasando.

> PODEMOS ATAR LA PRESENCIA DE DIOS, ATAR LA PROTECCIÓN DEL ÁNGEL DE DIOS, PRECISAMENTE, POR LO QUE DECIMOS O HACEMOS.

El Señor me habló de nuevo en el espíritu: "Este hombre se ha quejado de la música en esta iglesia, de los coros que cantan, y él me ha ofendido. Ya que a él no le gusta la música, lo voy a dejar sordo para que deje de escuchar y de quejarse". Le dije al hombre lo que el Señor me había dicho.

Él protestó e intentó decir: "No sé nada de eso".

Le dije: "No le mienta al Espíritu Santo. Usted ha hablado

mal de la música de esta iglesia". Esto lo enfureció, y fue atrás, se sentó y se cruzó de brazos.

Después del servicio, le dije al pastor lo que había pasado. Él dijo: —¿Qué le dijiste? ¿Le dijiste eso al hombre?

—Sí, lo hice —respondí—. Le dije al hombre lo que el Espíritu de Dios me dijo.

El pastor dijo: —Pero yo no te había dicho nada de ese hombre.

Le respondí: —No, no lo habías hecho. Pero, ¿hice lo correcto? Si no hice lo correcto, voy a disculparme con el hombre.

Después el pastor me dijo: —Cuando traje a mi nuevo director de música, el hombre se sentaba en la primera fila y se ponía algodón en los oídos. El algodón colgaba hasta su cuello. Y se levantaba mirando hacia la iglesia, y les mostraba que no le gustaba la música.

Le dije: —Déjeme decirle algo, pastor. El Señor me habló y me dijo que él había ofendido a la iglesia y al pastor, y como consecuencia, no sanará.

He aquí algo bueno que pude aprender de esta historia. El Señor le dio a ese hombre la oportunidad de arrepentirse y ser limpio de su pecado. Pero él nunca regresó a arrepentirse. Él nunca confesó su soberbia espiritual y no creyó que lo que estaba sucediendo era el Espíritu Santo obrando en su vida.

Una vez, cuando estaba predicando en unas reuniones de avivamiento en Alabama, mi hermano y su esposa me platicaron la historia de un hombre de su iglesia. Yo estaba enseñando acerca de la alabanza, por lo cual uno de los versículos de la Biblia que usé hablaba acerca de danzar delante del Señor, y expliqué lo que eso significaba. Había un hombre anciano en la iglesia que amaba al Señor, pero no creía en danzar ante el

Señor. Como muchas otras personas, él era un buen hombre que hacía lo correcto en muchas áreas, pero que aún le faltaba algo en una de ellas, y le estaba costando trabajo.

Este anciano dijo: "No creo todo eso. Cuando la gente se levanta y brinca de arriba para abajo, todo eso es del demonio. Dios no hace esas cosas".

En cuanto dijo eso, comenzó a sentir dolores en su pie y debajo de sus tobillos. Al final, le tuvieron que amputar los dedos y parte del pie. Llegó a un punto en el que no podía caminar, no se podía poner de pie ni gritar si quería hacerlo, por la condición de su pie.

Dios no trata de juzgar a todos y afligirlos con enfermedades y juicio. Podemos regresar a los hijos de Israel para entender este principio. Cuando los israelitas ofendieron al ángel de Dios, quitó el cerco de protección alrededor de ellos, y comenzaron a ser atacados por sus enemigos. Cuando ofendemos al ángel del Señor, lo mismo sucede. Cuando ofendemos al Espíritu Santo o al ángel de Dios, entonces Él no nos puede defender y traer sanidad como en la historia del hombre en el estanque de Betesda. Él no puede intervenir en nuestra situación. Podemos atar la presencia de Dios, atar la protección del ángel de Dios precisamente por lo que decimos o hacemos.

El pecado ofende al ángel de Dios.

4. No darle la gloria a Dios, puede ofender al ángel de Dios.

Esta historia del rey Herodes, quien mató a Jacobo, un maravilloso apóstol de Cristo, se narra en Hechos 12:1-2, 20-25. Cuando vio cuán satisfechos estaban los judíos por este hecho, encarceló a Pedro y planeaba matarlo a él también. Sin embargo, debido a la protección de su propio ángel, Pedro escapó de la prisión.

Poco después de esto, el rey Herodes apareció ante la gente vestido con ropas reales y se sentó en su trono. Josefo describe a Herodes vestido con una prenda cubierta de plata desde el cuello. Cuando el sol se reflejaba en la plata de su vestimenta, brillaba, y la gente comenzaba a gritar diciendo: "¡Voz de Dios, y no de hombre!" (v. 22). Él no hizo nada para detener los gritos de la gente, y la Biblia dice: "Al momento un ángel del Señor le hirió, por cuanto no dio la gloria a Dios; y expiró comido de gusanos" (v. 23).

Entienda lo que esto significa: Herodes no fue muerto, porque mató a Jacobo o porque arrestó a Pedro. El Señor lo mató porque "no le dio la gloria a Dios". En *Antigüedades Judías,* libro 9, capítulo 8, sección 2, Josefo amplía la historia dando más detalles de lo que le pasó a Herodes, diciendo que cayó en la pena más profunda, que un dolor severo surgió de su intestino grueso y que murió después del octavo día.

Un ángel del Señor castigó a Herodes. Creo que el ángel que liberó a Pedro de la prisión era posiblemente el mismo ángel que trajo el juicio sobre Herodes.

5. La desobediencia a la Palabra puede ofender a su ángel.

En Números 22, encontramos la historia de Balaam. Él era un vidente y un gran profeta muy poderoso. Lo que él profetizaba, ocurría. En este pasaje, vinieron unos mensajeros de Moab a Balaam y le dijeron: "Mira, te vamos a pagar la cantidad de dinero que quieras si te paras en la montaña y maldices a esta gente". Dios le advirtió dos veces a Balaam que no fuera con esos hombres y que no hiciera lo que decían. La tercera vez que se lo pidieron Balaam fue con ellos. Mientras iba de camino montado en su asna, un ángel apareció frente a esta. El Señor le abrió los ojos al asna, y por miedo, el asna se apartó y al hacerlo apretó el pie de Balaam contra la pared. Enojado, Balaam comenzó a golpear al asna.

El ángel comenzó a hablar a través de la boca del asna a Balaam, como un ventrílocuo habla a través de su títere. Si un asna comenzara a hablarme y a reprenderme, yo bajaría de un brinco de esa asna, iría a casa, llamaría al circo más famoso y diría: "¡Escuchen, tengo una asna que habla. De verdad, el animal habla!". ¿Quién comenzaría a discutir con un asna? Sin embargo, Balaam se bajó del asna y comenzó a discutir con ella.

Finalmente, el ángel del Señor escuchó y reprendió severamente a Balaam diciendo: "¿Por qué has azotado tu asna estas tres veces? He aquí yo he salido para resistirte, porque tu camino es perverso delante de mí. El asna me ha visto, y se ha apartado luego de delante de mí estas tres veces; y si de mí no se hubiera apartado, yo también ahora te mataría a ti, y a ella dejaría viva" (vv. 32-33).

El ángel del Señor se puso enfrente del asna para que Balaam no maldijera al pueblo y detener sus profecías, porque su camino era sumamente perverso. Había algo en él que no estaba bien.

CUALQUIERA PUEDE OFENDER A UN ÁNGEL

Permítame resaltar lo siguiente: aun la gente buena que ama al Señor, puede ofender a sus ángeles en alguna de las cinco formas que he expuesto.

Moisés era el hombre más manso en la tierra. El pueblo

judío considera a Moisés como el hombre más grande que jamás ha vivido junto con Elías. Pero él ofendió al ángel del Señor, aunque Dios le dijo que no lo hiciera.

En la historia en la que Moisés dirige al pueblo a la Tierra Prometida, después de haber vagado por el desierto durante mucho tiempo (treinta y ocho años), el pueblo aún se quejaba. Le decían a Moisés: "¿Por qué has traído a la congregación de Jehová al desierto para que muramos aquí nosotros y nuestras bestias? [...] No es lugar de sementera, de higueras de viñas ni de granadas; ni aun de agua para beber" (Números 20:4-5). Moisés y Aarón dejaron a los que se quejaban, y fueron al tabernáculo, y se humillaron delante del Señor, pidiendo una vez más su ayuda. Dios respondió su oración y les dijo: "Toma tu vara, y reúne la congregación, tú y Aarón tu hermano, y hablad a la peña a vista de ellos; y ella dará su agua, y les sacarás aguas de la peña y darás a beber a la congregación y a sus bestias" (v. 8).

He escuchado a muchos predicadores decir que la razón por la que Moisés no pudo entrar a la Tierra Prometida, fue porque golpeó la peña dos veces, en lugar de solamente hablarle como el Señor le había dicho. Yo pensaba que eso era cierto hasta que viajé al país de Jordania y escuché a nuestro guía árabe cristiano darnos su explicación.

Nos llevó a Números 20:10, donde la gente agravió a Moisés y a Aarón. Siempre se quejaban, siempre eran pesimistas, y ahora querían agua de la peña. Moisés dijo: "¡Oíd ahora rebeldes! ¿Os hemos de hacer salir aguas de esta peña?". Después de treinta y ocho largos años en el desierto, Moisés se estaba frustrando por las quejas de la gente. En el versículo 11, Moisés golpea la peña dos veces en lugar de hablarle.

Por su desobediencia, Dios le dice a Moisés: "Por cuanto no

creísteis en mí, para santificarme delante de los hijos de Israel, por tanto, no meteréis esta congregación en la tierra que les he dado" (v.12). Justo después de este incidente, Aarón, el sumo sacerdote muere (vv. 24-26).

Ahora creo que la razón por la que Dios le dijo a Moisés que moriría cerca de la Tierra Prometida, y que no podría entrar en ella, fue tal y como Dios afirma en el versículo 12: "Por cuanto no creísteis en mí, para santificarme delante de los hijos de Israel". En otras palabras, Moisés no le dijo a la gente que sería el Señor quien sacaría agua de la peña. No le dio la gloria a Dios, y en lugar de eso dijo: "¿Os hemos de hacer salir las aguas de esta peña?".

Creo que algunas veces hay personas que no reciben lo que necesitan del Señor, porque sus motivos para recibirlo son incorrectos. Alguien puede decir: "Señor quiero que me bendigas, y si lo haces, seré un dador". Pero no son dadores, además de que, en realidad, no pretenden convertirse en dadores si Dios los bendice. Otros pueden no recibir del Señor, porque Él sabe que ellos no pretenden darle la gloria.

¿QUÉ HACER SI USTED HA OFENDIDO AL ÁNGEL DEL SEÑOR?

Existen tres cosas que debe hacer si cree que verdaderamente ha ofendido a Dios de alguna manera:

1. *Confiese su pecado.* Ore: "Señor, realmente he actuado mal". No espere que alguien venga a usted y le pida que lo perdone. Confiese a Dios su pecado.

2. *Arrepiéntase.* Arrepentirse significa más que simplemente confesar su pecado. Arrepentirse significa apartarse. Dígale al Señor que con su ayuda ya no hará lo que lo ofendió. Apártese de su pecado, y comprométase a caminar lo mejor que pueda con Él cada día.

3. *Pídale a Dios que lo ayude a perdonar a otros que le han hecho mal, y encuentre la forma de reconciliarse con esa persona.* En otras palabras, escríbale una carta a esa persona si no puede verla físicamente. Dígale que aunque la situación pudo haber sucedido años atrás, usted le ha pedido perdón a Dios por su espíritu falto de perdón, y ahora le está pidiendo a ella perdón. Este es un paso extremadamente importante, especialmente si usted necesita sanidad.

Recientemente, escuche a un joven en Cleveland, Tennessee, dar un testimonio. Él había estado en una silla de ruedas durante muchos años. Muchas personas habían orado por él, pero no había sanado. Y dijo lo siguiente: "Finalmente, fui a una reunión en la que el poder de Dios se estaba moviendo". Dijo que simplemente se humilló ante Dios. Dejó de estar amargado con Dios. Dejó de preguntarle a Dios por qué no había sido sano. El poder de Dios lo golpeó y él se levantó de la silla de ruedas y caminó. La clave está en que se humilló ante Dios. Nunca puede equivocarse al humillarse ante Dios diciendo: "Señor, necesito tu ayuda". Dios honrará su fe; Él honrará su integridad.

Si caminamos fielmente con Dios, toda la presencia de Dios, todo el poder de Dios y todas las bendiciones de Dios, serán nuestras.

Capítulo 8

EL ENTENDIMIENTO DE DAVID
ACERCA DE LA SEÑAL DE MIZPA

> Y David se quedó en el desierto en lugares
> fuertes, y habitaba en un monte en el desierto
> de Zif; y lo buscaba Saúl todos los días, pero
> Dios no lo entregó en sus manos.
>
> —1 SAMUEL 23:14

EN ISRAEL NO HAY ESCASEZ DE PEÑAS Y PIEDRAS. DESDE
las ondulantes montañas de piedra caliza de los montes de
Jerusalén hasta las escarpadas montañas opacas y rosadas del
desierto de Judea, hay rocas por todas partes. En la historia
antigua de Israel, cuando los patriarcas y los profetas recibían
una visitación de Dios o de un ángel en una ubicación específica, ellos erigirían un altar o un monumento de piedra. Líderes como Abraham y Jacob edificaron altares y ofrecieron a
Dios presentes de sacrificios por su favor, sus promesas y sus
bendiciones (Génesis 22:9; 35:1). Algunos otros, como Josué,
ponían montículos de piedras o erigían monumentos altos
de piedra como señales de la promesa de Dios a Israel (Josué
4:6; 24:27). El propósito del altar o monumento de piedra,

era crear un monumento visible que las futuras generaciones pudieran ver con el fin de recordar las promesas de Dios y sus visitaciones a su pueblo escogido, los israelitas. Todo hebreo entendía el poder de ese monumento y que su propósito era indicar un sitio. También sabían que los ojos del Señor siempre estaban sobre ese *sitio,* y así recordaban Su pacto con ellos.

Desde el momento en el que Jacob amontonó las piedras en la tierra cerca de Mizpa, el sitio fue conocido como un lugar especial en el que Dios ayudaría a su pueblo y lo protegería del peligro. En el tiempo de Samuel, el pueblo estuvo bajo la opresión de los filisteos durante veinte años (1 Samuel 7:2). El profeta Samuel ordenó a la gente apartarse de la idolatría y preparar sus corazones para que el Señor interviniera en su favor (1 Samuel 7:3). Podemos leer:

> Y Samuel dijo: Reunid a todo Israel en Mizpa, y yo
> oraré por vosotros a Jehová. Y se reunieron en Mizpa,
> y sacaron agua, y la derramaron delante de Jehová, y
> ayunaron aquel día, y dijeron allí: Contra Jehová hemos
> pecado. Y juzgó Samuel a los hijos de Israel en Mizpa.
> —1 Samuel 7:5-6

Todo Israel estaba reunido en Mizpa, el lugar donde se estableció el pacto de protección entre Labán y Jacob. En el momento en que ellos vertieron la libación, ofrecieron un cordero y clamaron al Señor, Él tronó con un gran estruendo y atemorizó a sus enemigos (1 Samuel 7:10). Una vez más, se erigió un monumento especial en el sitio de la intervención de Dios:

> Tomó luego Samuel una piedra y la puso entre Mizpa
> y Sen, y le puso por nombre Eben-ezer, diciendo:
> Hasta aquí nos ayudó Jehová. Así fueron sometidos los

filisteos, y no volvieron más a entrar en el territorio de
Israel; y la mano de Jehová estuvo contra los filisteos
todos los días de Samuel.

—1 SAMUEL 7:12-13

DAVID PROTEGE A SU FAMILIA

Samuel fue el profeta que ungió a David como el futuro rey
de Israel (1 Samuel 16:13). Después de dar muerte a Goliat,
David se casó con Mical, la hija del rey Saúl, y se convirtió en
el héroe nacional a los ojos de Israel. Las mujeres comenzaron
a entonar cantos acerca de David (1 Samuel 18:7-9), lo cual
enfureció a Saúl y desde ese momento, el rey con sus celos le
abrió la puerta a un espíritu atormentador que motivó al rey a
asesinar a David. El rey loco, le lanzó jabalinas a David y llegó
a amenazar a su propia familia por favorecer a David. Este
desorden mental llevó a Saúl a asesinar salvajemente a ochenta
y cinco sacerdotes de Dios que vivían en el tabernáculo en
Nob (1 Samuel 22:13-19).

David y seiscientos de sus valientes se convirtieron en fu-
gitivos y vivían de cueva en cueva en el caluroso desierto de
Judea. David no podía ver a su esposa y temía visitar a su familia en Belén porque Saúl estaba familiarizado con la familia
de David y su tierra. Finalmente, David tomó la decisión de
llevar a su familia a un lugar seguro y protegido:

> Yéndose luego David de allí, huyó a la cueva de Adulam;
> y cuando sus hermanos y toda la casa de su padre lo
> supieron, vinieron allí a él. Y se juntaron con él todos
> los afligidos, y todo el que estaba endeudado, y todos los
> que se hallaban en amargura de espíritu, y fue hecho jefe

de ellos; y tuvo consigo como cuatrocientos hombres. Y
se fue David de allí a Mizpa de Moab y dijo al rey de
Moab: Yo te ruego que mi padre y mi madre estén con
vosotros, hasta que sepa lo que Dios hará de mí.

—1 Samuel 22:1-3

El rey de Moab recibió a la familia de David, y aunque
David, su familia, sus hombres y sus familias se mudaron
varias veces más mientras David huía de Saúl, ellos permanecieron escondidos y seguros de la ira de Saúl, por el resto de
su vida. Era evidente que el Señor se había alejado de Saúl y
que le había transferido el manto de la bendición a David, el
futuro rey de Israel (1 Samuel 16:14).

Y David se quedó en el desierto en lugares fuertes, y habitaba en un monte en el desierto de Zif, y lo buscaba Saúl
todos los días, pero Dios no lo entregó en sus manos.

—1 Samuel 23:14

Resulta bastante difícil explicar hoy en día por qué señalar
una ubicación era importante y por qué los hombres piadosos
siempre regresaban después al mismo lugar cuando necesitaban escuchar a Dios, renovar un pacto o tener una visitación
fresca. Sin embargo, Dios de seguro sí estaba familiarizado con
la importancia de las ubicaciones. Cuando le pidió a Abraham
que ofreciera a Isaac en el altar, le dijo: "Vete a la tierra de
Moriah, y ofrécelo allí en holocausto sobre uno de los montes
que yo te diré" (Génesis 22:2). Dios eligió un monte específico
en cierta ubicación por una razón importante.

LA SEÑAL DEL MONTE MORIAH

Para entender la importancia de la frase "uno de los montes que
yo te diré", primero debemos entender la ubicación y la importancia profética del monte Moriah. La historia comienza realmente en Génesis 14. Cinco reyes extranjeros habían invadido
las ciudades del valle y habían tomado el control de la gente y los
bienes (Génesis 14:1-2). Abraham organizó un ejército con 318
de sus sirvientes personales, y persiguió y venció a estos cinco
reyes. En agradecimiento, junto con el rey de Sodoma, trajo a la
gente y sus posesiones a Jerusalén, en donde se encontró con el
misterioso rey y sacerdote, Melquisedec. Podemos leer:

> Entonces Melquisedec, rey de Salem y sacerdote del Dios
> Altísimo, sacó pan y vino y le bendijo diciendo: Bendito
> sea Abraham del Dios Altísimo, creador de los cielos y
> de la tierra; y bendito sea el Dios Altísimo que entregó
> tus enemigos en tu mano. Y le dio Abraham los diezmos
> de todo.
>
> —GÉNESIS 14:18-20

Rabinos judíos y eruditos cristianos concuerdan en que este
suceso ocurrió en Jerusalén (entonces llamada la ciudad de
Salem, Génesis 14:18) en el valle de Save, conocido como el
Valle del Rey (Génesis 14:17). En la actualidad, este valle se
llama el *Valle de Cedrón* y es el barranco que se encuentra entre
la puerta oriental en Jerusalén y el Monte de los Olivos. Yo he
visto en persona la excavación arqueológica que se está llevando
a cabo en la frontera inferior del Valle de Cedrón, cerca de las
antiguas ruinas del estanque de Siloé en Jerusalén. El arqueólogo me dijo personalmente que había desenterrado túneles y un
canal de agua que datan del tiempo de Abraham y Melquisedec,

uno de los niveles más antiguos conocidos en la ocupación de Jerusalén. El monte sobre el Valle de Cedrón, se conoce como *monte Moriah*. Por consiguiente, Abraham le presentó la décima parte (el diezmo) al Señor en la tierra de Moriah.

Muchos años después, Dios llamó a Abraham de vuelta al mismo sitio y le pidió que pusiera al hijo de su pacto, Isaac, en el altar. Dios le ordenó: "Toma a tu hijo, tu único Isaac, a quien amas, y vete a tierra de Moriah, y ofrécelo allí en holocausto sobre uno de los montes que yo te diré" (Génesis 22:2). Abraham regresó a la misma tierra en donde conoció al rey y sacerdote Melquisedec. Dios sabía que su Hijo un día viviría en la tierra en forma de hombre y sería ofrecido en Jerusalén, en uno de los montes de la tierra de Moriah. Pablo nos dice que Cristo es sumo sacerdote "según el orden de Melquisedec" (Hebreos 5:10).

> COMO DAVID, QUIEN MUDÓ A SU FAMILIA A UN LUGAR DE PROTECCIÓN EN MIZPAH, USTED TAMBIÉN PUEDE DETERMINAR LLEVAR SU FAMILIA A UN LUGAR SEGURO, DE PROTECCIÓN, A TRAVÉS DEL PACTO DE MIZPAH.

Las imágenes en Génesis 22 es un avance y un patrón profético de lo que un día sucedería en Jerusalén. El amoroso padre Abraham ofrecía al hijo de su pacto, Isaac, en el altar de Moriah en Jerusalén, así como el Padre celestial un día daría a su Hijo en la cruz en Jerusalén.

■ Abraham ofreció a su "único hijo"; y Cristo era el unigénito de Dios.

- Abraham vio el lugar en el tercer día; y Cristo resucitó hasta el tercer día.
- Abraham predijo que Isaac regresaría vivo del altar, así como Cristo predijo que Él resucitaría.
- Abraham puso la leña del sacrificio sobre Isaac para que la cargara; y Cristo cargó la cruz y nuestros pecados.
- Abraham dijo que Dios daría el cordero: y Cristo fue el "Cordero de Dios" final por nuestros pecados.
- Abraham predijo que en el monte del Señor sería provisto; y Cristo se entregó en el monte.

El famoso acontecimiento registrado en Génesis 22, y el hecho de que el monte Moriah fuera la ubicación de la ofrenda final de los pecados por medio de Cristo, fue que Dios inspiró a Salomón para edificar el templo en el monte Moriah.

> Comenzó Salomón a edificar la casa de Jehová en Jerusalén, en el monte Moriah, que había sido mostrado a David su padre, en el lugar que David había preparado en la era de Ornán jebuseo.
>
> —2 CRÓNICAS 3:1

Este monte se convirtió en una señal santa y una frontera espiritual por un acontecimiento en la vida de Abraham, el cual se convirtió en un adelanto profético del acto final de redención que se desarrollaría en el año 32 d.C. cerca del templo judío en Jerusalén.

DE VUELTA A MIZPA

Seguramente David, que entendía la importancia de los sitios de visitación, y que había leído la Torá (los primeros cinco libros de la Biblia), sabía la importancia de la historia del pacto de Mizpa de Jacob como parte de la historia espiritual de Israel. David sabía sin duda, que ya que Saúl no podía hacerle daño personalmente, la ira del rey se descargaría en Belén y mataría cruelmente a los miembros de su familia. Los seiscientos hombres de David iban a caballo de cueva en cueva, y entre fortalezas por el desierto. Ya que Saúl controlaba todo Israel, todo escondite dentro de la nación sería un campo abierto para Saúl y sus compinches. Las zonas costeras estaban controladas por los filisteos, que eran los enemigos de Israel. La mejor opción para la familia de David, era estar del otro lado del río Jordán en una zona que llevaba el mismo nombre que el pacto que Jacob y Labán habían cortado.

Durante el reinado de Saúl, y durante el tiempo en que David fue un fugitivo, ni él ni los miembros de su familia perecieron. El rey elegido entendía que su familia y él vivían en una amenaza continua de peligro. Los antiguos hebreos entendieron el poder de los pactos y que la atención de Dios siempre era atraída al pacto y al sitio en el que se ratificaba el pacto. Por esto, los hombres regresaban a los altares y a los pilares en tiempo de necesidad y renovaban su visión espiritual y buscaban la atención y favor de Dios. David conocía el pacto de protección en Mizpa y mandó a sus seres amados más cercanos a ese monte.

Los ángeles protectores seguían trabajando.

Capítulo 9

LOS ÁNGELES Y EL
PACTO DE MIZPA

No os olvidéis de la hospitalidad, porque por
ella algunos, sin saberlo, hospedaron ángeles.

—HEBREOS 13:2

COMO SE OBSERVÓ PREVIAMENTE, JACOB VIO A LOS
ángeles del Señor inmediatamente después de que Labán
y él sellaron el pacto de Mizpa, y después peleó con un hombre que era un ángel en forma de hombre (vea Hebreos 13:2).
El ejército celestial está plenamente consciente de los pactos
que el Omnipotente ha hecho con su pueblo, entre ellos, los
pactos con Noé, Abraham, David y el nuevo pacto por medio
de Cristo.

Todos los creyentes que han recibido a Cristo como su Señor
y Salvador, tienen un pacto redentor por medio de la sangre
del Redentor (Efesios 1:7). Parte de nuestro pacto incluye la
mano protectora de Dios sobre nuestra vida. Esta protección
a menudo es proporcionada por los ángeles del Señor. El libro
de Job cuenta la historia de un adinerado hombre de negocios

de Oriente Medio llamado Job, que era el hombre más rico de Oriente. Según Job 1:1-14, su portafolio de inversiones incluía:

- Siete mil ovejas
- Tres mil camellos
- Quinientas yuntas de bueyes
- Quinientas asnas
- Diez hijos
- Varias casas

Satanás, el adversario, intentaba invadir la propiedad de Job, pero no podía hacerlo debido a un "cerco" de protección que rodeaba a Job, a su ganado y a su familia. Satanás le pidió a Dios que quitara el cerco y que le permitiera que atacara a sus animales, sus hijos y su familia (Job 1:9-10). Tanto Dios como Satanás sabían que un cerco invisible protegía a Job, pero él ignoraba la existencia de este cerco protector invisible. Esto lleva a la teoría de que el cerco era un campamento de ángeles que rodeaba a Job, el hombre de Dios. Dios y Satanás podían ver a los ángeles, pero Job no podía hacerlo. Ya que Job amaba y temía a Dios, él era un candidato para la protección del Salmo 34:7:

> LOS ÁNGELES FORMAN CÍRCULOS DE PROTECCIÓN ALREDEDOR DEL JUSTO. UN SÓLO ÁNGEL PUEDE PROVEER MEJOR PROTECCIÓN ¡QUE TODO EL SERVICIO SECRETO!

> El ángel de Jehová acampa alrededor de los que le temen, y los defiende.

Los ángeles forman círculos protectores alrededor del justo. El profeta Eliseo disfrutó la protección sobrenatural contra sus enemigos cuando los "caballos y carros de fuego" los rodearon a su sirviente y a él (2 Reyes 6:17). El ángel que habló con el profeta Zacarías, reveló el plan de Dios para la restauración de Jerusalén. El Todopoderoso anunció que él sería un "muro de fuego en derredor" de la ciudad (Zacarías 2:5). ¡Un solo ángel puede dar mejor protección que el Servicio Secreto completo!

UN PACTO CON DIOS

Yo crecí con lo que se ha llegado a definir como un "trasfondo clásico del Evangelio Completo". Puedo recordar que fuimos criados con parámetros muy estrictos, especialmente en lo referente a lo que se definía como "adorno exterior". Las mujeres no se cortaban el cabello, no se maquillaban, ni se ponían ningún tipo de joya. Aunque los miembros de nuestra iglesia eran considerados *extraños* por los cristianos de otras denominaciones, por lo general, la gente era muy humilde, sencilla y muy devota al Señor. A menudo, le hacían un *voto* a Dios, y esta promesa se convertía en parte de su caminar diario con el Señor.

Un pastor renombrado de apellido Carroll hizo un voto. Desde el principio de su ministerio, le dijo a Dios que si cuidaba de su familia, él (el pastor) siempre se ocuparía de los negocios de Dios. El reverendo Carroll confiaba completamente en que Dios lo cuidaría a él y a su familia, y a cambio, entregó su vida completa cada día a la obra del Señor.

El hermano Carroll servía en su denominación (Iglesia de Dios) como supervisor estatal asistente. Como el obispo principal estaba enfermo, invitaron al reverendo Carroll a salir de la ciudad para un congreso. Subió a su automóvil y lo encendió para alistarse para el viaje. Él no sabía que su hijo de 5 años Jack, estaba jugando detrás del automóvil, inhaló el humo al encenderse el automóvil, y se desmayó. Cuando el reverendo Carroll echó marcha atrás en el automóvil, accidentalmente atropelló a Jack. Cuando salió del automóvil, vio que había atropellado la pequeña cabeza de su hijo, y sus ojos salían de ella. Lo levantó, lo llevó a la casa y lo puso sobre su cama. Todos estaban alterados y clamando en oración.

El predicador hizo y dijo algo que su hija Ruth jamás olvidaría. Le dijo a su esposa: "¡El Señor me dijo que si yo me ocupaba de sus negocios, Él se ocuparía de los míos!". Entonces, se subió al automóvil para irse al congreso. Estaba tan entregado a la iglesia y a la obra de Dios, que confiaba en que Dios sanaría a su hijo. Ruth era pequeña, y al recordar a su madre y a los niños orando, dijo: "La cabeza de Jack estaba hinchada y en condiciones terribles, y estaba completamente deforme. Él estaba totalmente inconsciente".

Después, Ruth dijo que en el mismo momento en que el pastor regresó a casa y estacionó su coche en la entrada de la casa, "fue como si alguien le hubiera insertado a Jack un alfiler en la cabeza. Su cabeza comenzó a deshincharse, y su oído y su ojo regresaron a su lugar. Fue asombroso verlo. Jack volteó a ver a su madre y dijo: 'Sabes qué, no comí, tengo hambre'. Jack no tenía efectos secundarios o cicatrices que indicaran que había tenido un accidente. Papá siempre creyó que si le pides algo a Dios (especialmente milagros de sanidad), Dios siempre intervendría sobrenaturalmente".

Yo conocí personalmente a Jack Carroll. Él sirvió como contador público certificado de nuestro ministerio desde sus principios en la década de 1980 hasta su muerte. Su hermana Ruth fue una de las primeras personas que Pam y yo conocimos antes de mudarnos a Cleveland, y su esposo, Ralph, ha servido desde el principio en nuestra junta de directores del ministerio. Recuerdo haber escuchado esta historia hace muchos años, y creo que Dios honró el voto de este hombre de Dios, que le prometió: "Si te ocupas de mi familia, yo siempre me ocuparé de tus negocios".

Esto es muy similar al pacto de Mizpa. Este pacto le pide a Dios cuidar a sus amados cuando usted está lejos de ellos. Algunos podrán decir: "No necesito hacer un pacto especial para que Dios me cuide o cuide a mi familia". Esto puede ser verdad en el sentido en que "los ojos de Jehová están sobre los justos" y que "por Jehová son ordenados los pasos del hombre" (Salmos 34:15; 37:23). Sin embargo, aunque las Escrituras revelen la voluntad y el plan de Dios, el Omnipotente se mueve hacia nosotros y por nosotros cuando lo pedimos. Se nos ordena que debemos pedir para recibir (Mateo 7:7).

Existen varias razones por las cuales debemos pedir. Primero, cuando pedimos, estamos demostrando que creemos lo que Dios ha dicho. Segundo, existe una ley espiritual que plantea que todas las promesas de Dios son desatadas al pedir y creer. En tercer lugar, nuestra fe es fortalecida y nuestro gozo es cumplido cuando pedimos y buscamos que Dios responda nuestras oraciones.

CÓMO ESTABLECER EL PACTO

Existen pasos específicos que podemos dar para establecer el pacto de Mizpa en nuestra vida:

1. Es necesario que dos personas se pongan de acuerdo.

Hay una autoridad única cuando la gente está en completo acuerdo. La Biblia nos dice: "Si dos de vosotros se pusieren de acuerdo en la tierra acerca de cualquiera cosa que pidieren, les será hecho por mi Padre que está en los cielos" (Mateo 18:19). La frase *se pusieren de acuerdo,* es la palabra griega *simphoneo* que significa estar en armonía o en un mismo acuerdo. La palabra *sinfonía*, proviene de ella. Una sinfonía es el resultado de una combinación de instrumentos musicales que están en el mismo tono tocando notas musicales conocidas.

La habilidad para estar de acuerdo y ver resultados es más que un asentimiento mental o simplemente decir que sí a algo. El poder del acuerdo debe ser una afirmación que viene desde el fondo del espíritu de una persona, desde la misma profundidad donde el Espíritu Santo mora y donde la Palabra de Dios se puede sentir. En el pacto de Mizpa, tanto Labán como Jacob estaban de acuerdo. Labán le pidió a Dios cuidar a sus hijos y Jacob acordó no maltratar a las mujeres. Es posible que Labán estuviera preocupado de que Jacob maltratara a Lea cuando ya no viviera en la casa de su padre. Después de todo, Jacob no amaba a Lea, ya que ella le había sido impuesta mientras que Raquel era el amor de su vida. Labán quería que Jacob prometiera que trataría bien a sus hijas y no permitiría que otra mujer entrara en su vida.

Para hacer un pacto de acuerdo con el propósito que Dios nos cuide cuando estemos separados, las dos personas deben estar en completo acuerdo.

2. Las personas deben estar de acuerdo en oración.

La oración es más que un ritual espiritual. Es una comunicación entre el cielo y la tierra, entre la humanidad y Dios. De niño, siempre me preguntaba por qué tomaba tanto tiempo que Dios escuchara mi oración. No recuerdo haber escuchado que dijeran en la iglesia, lo que pasaba con mis palabras una vez que habían salido de mi boca. ¿Se iban al espacio estrellado y flotaban hacia adelante y hacia arriba hasta que finalmente alcanzaban los oídos de Dios?

Estaba en la adolescencia cuando leí Apocalipsis 5:8:

> Y cuando hubo tomado el libro, los cuatro seres vivientes y los veinticuatro ancianos se postraron delante del Cordero; todos tenían arpas, y copas de oro llenas de incienso, que son las oraciones de los santos.

Las oraciones del pueblo de Dios (los santos) se guardan continuamente en copas de oro delante el trono de Dios. En el antiguo templo, el sacerdote se acercaba al altar de oro y mezclaba carbones encendidos con incienso sagrado, cuyo humo ascendía dentro de la cámara especial llamada el Lugar Santo. El incienso producía un dulce aroma especial que llenaba la pequeña cámara. Un rabino me dijo que todas las oraciones del pueblo de Dios iban primero al templo antiguo y se reunían sobre el altar de oro. Cada mañana en que se ofrecía el incienso, las palabras se mezclaban con las oraciones de la gente y ascendían a Dios en el cielo. Es por esto que Salomón enseñó que si el pueblo hebreo fuera tomado cautivo, debían orar con el rostro hacia Israel y Jerusalén (2 Crónicas 6:37-38). Daniel lo hizo en la cautividad de Babilonia cuando oró con las ventanas abiertas mirando hacia Jerusalén (Daniel 6:12).

Nuestras oraciones van directamente ante el trono de Dios y son guardadas en copas especiales. De este modo, nada que hayamos orado con un corazón puro y sincero cae jamás a tierra. Cuando usted se pone de acuerdo en oración y le pide a Dios que los proteja a ambos al estar separados, debe creer que el Señor ha escuchado sus palabras y él hará lo que usted ha pedido.

3. Las personas deben hacer una declaración.

Una vez que hayamos orado en completo acuerdo según la Palabra de Dios, entonces debemos confesar lo que creemos. La Biblia dice: "Mantengamos firme, sin fluctuar la profesión de nuestra esperanza" (Hebreos 10:23). Nuestra confesión tiene dos lados. Primero es una confesión hecha a Dios: "Te agradezco Señor por tu pacto de protección, y te agradezco por escucharme cuando oro". También nos declaramos el uno al otro que creemos en que el Señor va a cuidarnos cuando estemos separados.

La confesión es importante porque coloca continuamente un sello sobre lo que hemos orado y creído. Cuando comenzamos a hablar en contra de nuestra confesión, de hecho podemos bloquear las promesas de Dios. Cuando Zacarías dudó de la palabra de Gabriel de que su esposa, de edad avanzada, tendría un hijo, se quedó mudo durante nueve meses (Lucas 1:29). Israel no pudo heredar la Tierra Prometida por su queja constante, que provenía de su incredulidad (Hebreos 3:15-19).

Pienso que Dios disfruta dar protección a aquellos que han pactado con Él y que han pactado uno con otro. Uno de los más grandes pactos decretados por Dios es el del matrimonio. En el tiempo de los antiguos patriarcas, era normal para los

líderes de las tribus tener más de una esposa y tomar a
cualquier mujer que escogieran sin problemas. Abraham y su
hijo Isaac estuvieron a punto de perder a su esposa. Dios protegió a Sara de Abimelec y también evitó que Rebeca cayera en
las manos del rey cananeo (Génesis 20:26).

4. Los dos deben orar "con toda oración".

Cuando Pablo escribió acerca de las armas de la guerra del
creyente en Efesios 6, comparó el armamento espiritual con la
armadura de un soldado romano.

- El cinturón de la verdad (v. 14).
- La coraza de justicia (v. 14).
- El apresto del evangelio de la paz (v. 15).
- El escudo de la fe (v. 16).
- El yelmo de la salvación (v. 17).
- La espada del Espíritu que es la Palabra de
  Dios (v. 17).

Habiendo estudiado y terminado una serie de enseñanzas
sobre la armadura de Dios, me di cuenta que parecía faltar un
arma importante en la analogía de Pablo entre la armadura
romana y la armadura cristiana, y era las *lanzas,* o un par de
largos arpones, que todo soldado romano llevaba a la batalla.
En mi libro acerca de la armadura de Dios escribí:

> Los "pilums" o lanzas (también llamadas jabalinas), eran
> parte del equipo básico cuando un soldado romano estaba
> completamente vestido de su armadura. El guardia roma-
> no en la celda de Pablo pudo no haber tenido sus lanzas
> en el momento en que Pablo escribió el libro de Efesios,
> porque las lanzas son armas que se arrojan a grandes

distancias, normalmente a dieciocho metros. Este soldado cuidaba a Pablo en los estrechos confines de una celda, y no necesitaba estar preparado para la batalla.

Cuando iba a la batalla, el soldado romano cargaba dos lanzas. Ambas lanzas tenían aproximadamente dos metros de largo, pero una era más pesada que la otra. La lanza más liviana pesaba aproximadamente 1.8 kilogramos, y la más pesada, alrededor de 2.72 kilogramos. La parte frontal del asta estaba hecha de hierro y tenía una punta en forma de flecha al final. La segunda mitad estaba hecha de madera de fresno. A menudo se añadían pesas de plomo en el extremo inferior para darle equilibrio a la lanza, y de esta manera poder tirarla a una gran distancia para producir un impacto mayor cuando la lanza diera en el blanco.

El soldado tiraba sus lanzas estando todavía a distancia del enemigo, antes de entrar en el combate cercano, para darle ya sea al enemigo, o a su escudo. Si la lanza golpeaba al soldado, entonces había un enemigo menos que vencer. Si la lanza golpeaba en el escudo del soldado, lo penetraba y sacarla era demasiado difícil, y por lo tanto el escudo quedaba inutilizado. El enemigo tenía que dejar su escudo en el suelo, haciéndolo más vulnerable al ataque. La sección de hierro de la lanza se doblaba al impacto, dejándola inútil para que el enemigo no la pudiera utilizar para contraatacar a los romanos.[1]

Aunque las lanzas no se mencionan en Efesios 6, existe un pasaje importante que está relacionado con la armadura de Dios:

Orando en todo tiempo con toda oración y súplica en el Espíritu, y velando en ello con toda perseverancia y súplica por todos los santos.

—EFESIOS 6:18

Creo que Pablo al referirse a "toda oración", quizá se refiera a la lanza del soldado romano, que es lanzada a través de aire, hacia la armadura del contrario. La oración no solamente es comunicación con Dios, sino que también trae salvación, sanidad, y liberación, así como derrota a las fuerzas del enemigo. Por consiguiente, la oración es tanto comunicación, como un arma para la guerra espiritual.

"Toda oración" significa todo tipo de oración. La oración, como una lanza, se libera del sitio de lanzamiento hacia otro sitio diferente. La oración se puede clasificar en dos categorías básicas: la petición y la alabanza. Ambas categorías son armas espirituales. Entonces, nosotros tenemos petición y alabanza, así como el soldado romano cargaba una lanza ligera y una lanza más pesada. ¿Qué sería un soldado cristiano sin las armas de la oración y la alabanza?

Como ya mencioné, la lanza se equilibraba con pesas. De la misma manera, la petición y la alabanza de un cristiano deben estar equilibradas. Una iglesia o una persona no se deben cargar por completo hacia la oración o la alabanza. Se debe tener tanto oración como alabanza. Necesitamos estar equilibrados.

Cuando le pedimos a Dios que proteja a nuestros seres amados mientras estamos separados, creo que el acuerdo se establece cuando ambos están de acuerdo en oración. Sin embargo, así como el incienso se ofrecía cada mañana en el templo, debemos declarar nuestro acuerdo todos los días. Creo que Dios puede preservar y proteger a mi familia y a mí, y que de hecho lo hará, si seguimos su voluntad sin necesidad de pedirle que lo haga una y otra vez. No obstante, yo todavía le pido a diario al Señor que bendiga y proteja a los miembros de mi familia de todo daño y peligro, así como de accidentes discapacitantes. Estas oraciones son las "lanzas" de mi arsenal espiritual, que son lanzadas a la atmósfera para detener los ataques que el enemigo ha planeado. Una persona no debería esperar hasta que los problemas lleguen para decir: "Creo que debemos orar". Debemos tener iniciativa y no solamente reaccionar. Así como es mejor comer bien y hacer ejercicio antes de que venga un problema cardiaco y después intentar sanar el daño, también es mejor estar preparados para los ataques del enemigo antes de que vengan.

Estos sencillos pasos le permitirán a dos o más personas entrar en lo que llamo *el pacto de Mizpa*. ¡Dios puede y va a proteger a los que lleven nuestro nombre y nuestro ADN!

Capítulo 10

EL PACTO DEL UMBRAL

En el antiguo Israel y durante la cultura tribal de Oriente Medio y África, se acostumbraba señalar la propiedad y establecer límites utilizando piedras. Existen principios naturales y espirituales relacionados con trazar una línea, tanto una línea espiritual invisible como una señal fija visible, para evitar que un externo *sobrepase sus límites*.

En las Escrituras, las señales eran ser altos pilares de piedra (Génesis 28:18), montones de piedras (Génesis 31:46) o incluso ríos, como el río Jordán que servía como línea divisoria entre Israel y la tierra de Edom y Moab (Josué 1:11-15).

Cuando Dios le reveló a Moisés las instrucciones para la edificación de su tabernáculo santo, estableció tres habitaciones distintas (el atrio, el lugar santo y el lugar santísimo), todos separados por grandes velos hechos a mano. Los velos evitaban que las personas comunes siguieran más allá de ciertos puntos. Cualquiera que intentara traspasar los velos, no solamente podría morir a manos del sacerdote, sino que también se encontraría con la ira y el juicio inmediato de Dios (2 Crónicas 26:16-21).

Señalar los umbrales o las entradas exteriores del templo o de la casa, creaba otro tipo de límite. Entre los antiguos sumerios, los egipcios y los babilonios, el templo de un dios o una diosa, era la estructura más sagrada de la ciudad. Los grandes templos de piedra eran los centros de la actividad espiritual y de culto, y en los tiempos más antiguos, también funcionaban como los lugares donde los ricos guardaban su dinero; lo ocultaban cerca de la cámara interior que albergaba el santuario o el ídolo. Un guía de turistas egipcio me dijo que se creía que el temor de la ira de los dioses alejaría a cualquiera que intentara robar la riqueza pasando el umbral hacia el lugar donde se encontraba el dios de piedra.

Hace varios años en Israel, estábamos de visita en la zona de Bet-sean, una antigua ciudad romana que era parte de la famosa Decápolis de la época de Cristo. El guía nos dijo que mientras excavaban cerca del templo principal de la ciudad, el arqueólogo descubrió el esqueleto de un hombre que tenía monedas de oro en su puño cerrado. Una gran columna de mármol había caído y lo había matado durante un terremoto que destruyó la ciudad en el año 749 d.C. El arqueólogo especulaba que el hombre estaba en el templo cuando sintió el terremoto y tomó las monedas de la ofrenda que estaba en el santuario del templo.

El Dios del umbral

En las civilizaciones antiguas, era normal para los sacerdotes, erigir grandes estatuas de piedra de dioses y diosas en las entradas de los templos para protegerlos. Pero llegó un momento en el que la gente también comenzó a señalar las esquinas de sus puertas con señales especiales y objetos, esperando que los dioses protegieran sus casas. Estos eran los dioses de los umbrales.

Por ejemplo, en Sumeria (la zona donde se encuentra Irak) hace cinco mil quinientos años, las casas eran *marcadas* a menudo del lado izquierdo y en la parte superior de los postes superiores con una imagen tallada del dios o la diosa.

Uno de tantos ejemplos se encontraba en la ciudad de Uruk con una diosa llamada Inanna, asociada con Venus y con la luna, también conocida como *la reina del cielo*. Sus seguidores tejían carrizo y hacían figurines que colocaban como remate en el extremo superior de cada poste de la puerta los cuales eran llamados el *nudo de Inanna*. Las dos señales de Inanna y de otros dioses y diosas usados en remates similares sostenían un poste cruzado, que iba a lo largo del dintel de izquierda a derecha. De esta manera, las esquinas exteriores de los postes eran *marcadas* por el dios o la diosa como un signo de que el devoto del dios o la diosa vivía en esa casa y esperaba que el dios o la diosa protegiera a los que vivían dentro.[1]

> EL ADVERSARIO ES UN FALSIFICADOR E INTENTA COPIAR LA VERDAD DE DIOS, DISTORSIONÁNDOLA, RETORCIÉNDOLA Y ENGAÑANDO A MULTITUDES.

Estos dioses falsos protectores se encuentran en todas las principales culturas antiguas en y alrededor del Oriente Medio. Los babilonios tenían una criatura alada llamada *Nergal,* la cual tenía cuerpo de león y rostro de hombre, con dos alas conectadas al cuerpo. Resulta interesante saber que el querubín celestial tiene cara de león y de hombre (Ezequiel 41). Los babilonios creían que Nergal también era una deidad solar y un dios de la guerra y de la pestilencia, que también dominaba sobre las puertas del infierno.[2]

En la época de Abraham, la deidad máxima era *Sin*. Esta

deidad se identificaba en esculturas de piedra y relieves, como un hombre con una barba de lapislázuli que montaba sobre un toro alado. Su símbolo era una luna creciente, y su sede de poder se creía estaba en Ur, en el sur, y en Harán en el norte. Abraham era de Ur (Génesis 11:28-31), y el padre de Abraham, Taré, era de Harán (Génesis 12:4-5).[3]

Altares cerca de los umbrales

Los cristianos a menudo no saben que los altares en las culturas antiguas se usaban para ofrecer sacrificios especiales a sus dioses particulares. Los arqueólogos israelíes señalan que los cananeos tenían muchos dioses y construían un altar de cuatro cuernos hecho de piedra, para quemar incienso o para ofrecer un sacrificio de fuego a su deidad falsa. Estos altares normalmente se colocaban en la entrada de los templos para que la gente pudiera ver el procedimiento. Algunas veces, los altares se ubicaban en la parte frontal de las casas de los sacerdotes.

Cuando se considera toda esta información antigua relacionada con la importancia del umbral, o los postes exteriores de las casas y templos, no nos debe sorprender que Dios le haya ordenado a Israel que pusiera la sangre del cordero de la pascua en los postes exteriores de la puerta. Las dos piernas de la puerta se llamaban *postes,* y la parte superior era el *dintel* (Éxodo 12:22). Los antiguos egipcios entendían este concepto y sabían que los hebreos marcaban sus casas para su Dios. Sin embargo, los egipcios no sabían la importancia de este acto al proteger a los primogénitos hebreos del ángel de la muerte durante la famosa Pascua (Éxodo 12). En las culturas antiguas, el primogénito era entregado al dios de la casa. En el caso de los hebreos,

Dios requería una ofrenda especial de dedicación cuando nacía un varón, y se tenía que pagar un precio de redención cada vez que en un censo nacional se contaran a los hombres arriba de veinte años de edad (Éxodo 13:13; Números 18:15).

Cuando se edificó el tabernáculo en el desierto, Dios le ordenó a Moisés que ubicara el altar de bronce de los sacrificios en el atrio exterior cerca de la puerta (la entrada con el velo) del tabernáculo mismo, antes del velo que llevaba al lugar santo. Dios también ordenó colocar cortinas especiales hechas a mano (velos) para establecer un límite físico entre el atrio exterior y las otras habitaciones designadas estrictamente para los sacerdotes y el sumo sacerdote.

Sabemos que el adversario es un falsificador e intenta copiar la verdad de Dios, distorsionándola, retorciéndola y engañando a multitudes. El Todopoderoso sabía y entendía la importancia del umbral y estableció leyes espirituales y directrices para que Israel, Su antiguo pueblo escogido las siguiera.

RAQUEL Y LAS IMÁGENES

Cuando Labán alcanzó a Jacob, estaba enojado porque alguien en la compañía de Jacob se había robado sus imágenes y sus dioses (en hebreo es la palabra *teraphim*) de su casa. La culpable fue Raquel, la hija de Labán y esposa favorita de Jacob. ¿Por qué robaría Raquel los ídolos de su padre? Existen varias opciones. La primera teoría es que había una creencia de que estos *dioses* podrían informar al dueño acerca del futuro; por lo tanto, Raquel creyó (por su ignorancia) que las imágenes de su padre le podrían revelar a dónde había ido Jacob. Josefo el historiador judío, escribió que Raquel creía que si robaba las imágenes de los dioses de su padre, y Labán amenazaba a Jacob, ella podría usar las imágenes como prueba en su contra.[4] En las culturas antiguas, si un yerno se apoderaba de los dioses de la casa de su suegro, se le consideraba un hijo real y se le compartía la herencia.

Estas imágenes, que en la literatura rabínica puede significar "cosas vergonzosas", se utiliza en la Biblia para referirse a las imágenes y los ídolos. Cuando los hijos de Israel tomaron posesión de la Tierra Prometida, se consultaba a menudo a estas imágenes para obtener respuestas acerca del futuro. Consultar a las imágenes era uno de los pecados más grandes del que Dios acusaba a menudo a Israel y los reprendía porque los ídolos no pueden predecir el futuro (vea Isaías 44-45).

La verdadera herencia de Jacob no estaba en Siria con Labán, sino en la Tierra Prometida donde su padre, Isaac, y su abuelo Abraham habían confirmado con Dios el pacto por esa tierra. Por lo tanto, estos ídolos eran tan inútiles como la piedra de la que habían sido esculpidos.

La marca del umbral

Cuando los padres hebreos le dieron muerte al cordero en la tarde de la primera Pascua, marcaron con la sangre del cordero los dos postes y el dintel de sus puertas. Esta es una imagen clara de lo que estaba por venir en la futura crucifixión del Mesías. Estas tres marcas de sangre, representaban las tres cruces en el Gólgota: un hombre de cada lado (a la izquierda y a la derecha) y Cristo colgado en la cruz en medio (Mateo 27:38).

La palabra hebrea para *postes,* ubicada en Éxodo 12, es la palabra *mezuzá.* En mi libro *Se descifra el código judío,* tengo un capítulo que trata del concepto judío de marcar uno de los postes de las puertas con un objeto llamado *mezuzá*.

Una mezuzá kosher real tiene las palabras del *Shemá* (Deuteronomio 6:4-9) y un pasaje de Deuteronomio 11:13-21 escrito por un escriba entrenado en un pequeño pergamino hecho de la piel de un animal kosher (res o cordero). El nombre de Dios está escrito detrás del pergamino, y el rollo minúsculo se enrolla y se pone en el estuche de la mezuzá.

El estuche generalmente viene decorado y está hecho de cerámica, piedra, cobre, plata, cristal, madera o incluso de peltre. Los diseños varían y no tienen significado espiritual, sino que el pergamino mismo contiene el significado de la mezuzá. La mayoría de las mezuzás tienen la letra hebrea *sin,* la letra vigésimo primera del alfabeto hebreo, en la superficie exterior, lo que representa la primera letra del nombre de Dios, *Shaddai.* El nombre *Shaddai* es un nombre que funciona como acrónimo para "guardián de las puertas de Israel". La caja está diseñada para proteger el pergamino del clima y otros elementos que podrían dañar la tinta.

Algunos eruditos han sugerido que el propósito de la mezuzá era recordarle al pueblo judío continuamente la sangre del cordero, que, cuando fue aplicada en los postes de la puerta en Egipto, evitó que el ángel destructor entrara a la casa y matara al primogénito. Sin embargo, esta teoría es una opinión que no está basada en el entendimiento rabínico del propósito de la mezuzá.

Algunos judíos, identificados como místicos, tienden a ver a la mezuzá como una forma de amuleto diseñado para ahuyentar a los malos espíritus, sin embargo, este no es el propósito original. Está hecho para ser un recordatorio para aquellos que viven en la casa de que esa casa está dedicada a Dios; manera, aquellos que viven ahí, deben comprometerse a nar de acuerdo con la Palabra de Dios. No obstante, lo como un objeto que le recuerda a Dios que proteja ese hoga. El Talmud enseña que una mezuzá apropiada *puede* traer larga vida y protección a la casa. Una historia talmúdica dice de un rey que dio un diamante a un rabino como regalo. A cambio, el rabino le dio al rey una mezuzá, lo cual ofendió al rey. El rabino le dijo al rey: "Tendré que contratar guardias para proteger mi casa por el regalo que usted me dio, pero el regalo que yo le di, protegerá su hogar".

LA PROTECCIÓN DE NUESTRAS PUERTAS

Los judíos religiosos marcan sus hogares con la mezuzá. ¿Cómo pueden marcar los creyentes sus casas con un pacto de protección? Así como la sangre de un cordero terrenal sirvió como una restricción contra el ángel de la muerte en Egipto, la preciosa sangre de Cristo no solamente funciona como el cimiento de nuestra redención, sino que también es el arma espiritual más poderosa contra nuestro adversario espiritual. Podemos leer en Apocalipsis 12:

> Y ellos han vencido por medio de la sangre del Cordero
> y la palabra del testimonio de ellos, y menospreciaron
> sus vidas hasta la muerte.
>
> —APOCALIPSIS 12:11

Cristo derramó su sangre hace más de dos mil años, y en la actualidad, la humanidad puede recibir redención pidiéndole a Dios que perdone sus pecados y los limpie con la sangre del *Cordero* final, Jesucristo (Juan 1:29; 1 Juan 1:9). ¿Cómo

...re protectora de Cristo en nuestros
...ra en que fue aplicada la sangre del
... al destructor?

...n se conforma de la misma manera en que
...dención: por medio de la fe y la confesión: "Si
... con tu boca que Jesús es el Señor, y creyeres en
...razón que Dios le levantó de los muertos, serás salvo"
(Romanos 10:9). La sangre de Cristo es aplicada en nuestros
corazones cuando creemos, pedimos y confesamos. La palabra
griega para *confesar* significa "hablar lo mismo, estar de acuerdo, admitir". Cuando oramos, le pedimos a Dios, pero cuando confesamos, estamos estableciendo un acuerdo con Dios.
Cuando nos convertimos, no vemos de manera literal la sangre goteando desde el templo celestial, entrando físicamente a
nuestro corazón o a nuestro espíritu. Sin embargo, podemos
percibir que el peso del pecado es quitado y sentir un alivio del
peso de la culpabilidad.

Si queremos confesar el poder de la sangre de Cristo sobre
nuestro hogar, debemos orar:

> *Padre celestial, en el nombre sagrado y santo de Cris-*
> *to, me acerco a tu templo celestial y te pido que prote-*
> *jas mi hogar, a mi cónyuge y a mis hijos por medio del*
> *poder de la sangre de Cristo. Padre, reconozco que tu*
> *pueblo fue protegido del destructor durante la pascua*
> *por la sangre del cordero, y confieso el poder de la*
> *sangre de Cristo para redimirnos de la destrucción y*
> *darnos protección a mi casa y a mí.*

Recuerdo cuando les enseñé a mis hijos a hacer una oración de
protección sobre nuestro hogar. Cuando mi hijo tenía solamente

cinco años de edad, él oraba: "Dios, protege nuestra casa, y no dejes que nada malo le pase". En una ocasión, la familia estaba fuera del país cuando dos hombres con pasamontañas intentaron entrar en nuestra casa. Antes de que pudieran hacerlo, fueron expuestos y la policía vino y los arrestó. Yo le dije a mi hijo: "Tus oraciones fueron escuchadas y el Señor protegió nuestra casa de esos intrusos".

Le he enseñado a mis hijos y a los socios de nuestro ministerio que los simbolismos, costumbres y rituales del Antiguo Testamento, es sombra de lo que ha de venir (Colosenses 2:16-17). Bajo el antiguo pacto, Moisés tenía que ofrecer un cordero en la mañana y uno en la noche. Creo que el principio espiritual es que debemos comenzar y concluir nuestro día con el Señor. Asimismo debemos confesar su sangre limpiadora y protectora tanto en la mañana como en la noche.

El poder de los sacrificios con derramamiento de sangre se ve a lo largo del Antiguo Testamento. Ya hemos hablado del Éxodo, pero en otra ocasión, un ángel con una espada desenvainada se situó sobre el monte Moriah, listo para atacar a Jerusalén con una plaga. David corrió inmediatamente a la cima del monte Moriah, donde Abraham había ofrecido a Isaac cientos de años antes (Génesis 22:1-2), compró la era de Ornán el jebuseo, edificó un altar e hizo un sacrificio con derramamiento de sangre, después del cual, el ángel guardó su espada (vea 1 Crónicas 21:19-30).

Si la sangre de Cristo puede limpiar a los pecadores más viles y transformar sus cuerpos en templos del Espíritu Santo donde habita el Dios viviente (1 Corintios 3:15-16), entonces ciertamente cuando confesamos el poder de la sangre de Cristo, ¡no solamente tenemos la atención de Dios, sino también la atención de los ángeles del pacto! Los ángeles son atraídos a la Palabra de Dios:

> Bendecid a Jehová, vosotros sus ángeles, poderosos en fortaleza, que ejecutáis su palabra, obedeciendo a la voz de su precepto.
>
> —SALMOS 103:20

Capítulo 11

El ayuno: Cómo obtener la atención de los mensajeros celestiales

> Entonces Pablo, como hacía ya mucho que no comíamos, puesto en pie en medio de ellos, dijo: "... Porque esta noche ha estado conmigo el ángel del Dios de quien soy... diciendo: 'Pablo, no temas.'"
>
> —Hechos 27:21-24

En 1950 estalló repentinamente la Guerra de Corea. Dale Smith y C. M. Morgan, dos jóvenes de Atwell y Raysal, unas pequeñas localidades de Virginia Occidental, habían sido reclutados en el ejército y habían estado sirviendo en Corea. Durante una gran ofensiva, los norcoreanos hicieron retroceder a las fuerzas estadounidenses, de manera que ambos hombres habían desaparecido en combate. El ejército contactó a la madre de Dale, quien asistía a la Iglesia de Dios en Atwell, para hacerle saber que su hijo había desaparecido y, por lo tanto, se pensaba que había muerto.

Al escucharlo, esta preciosa santa de Dios permaneció en el servicio de la iglesia y pidió oración por su hijo, admitiendo que ella no creía que estuviera muerto y que quería que la intervención divina de Dios lo regresara a casa. La iglesia también comenzó a interceder fervientemente. Fred Stone, mi padre, que entonces tenía 18 años, tuvo un sueño en el que vio una zona cubierta de cercas de alambres de púas y chozas maltrechas, y los que estaban en ellas en condiciones terribles de vida. Papá vio a los dos jóvenes

> UNA DE LAS GRANDES FUNCIONES DEL ESPÍRITU SANTO ES LA DE SER NUESTRO ABOGADO EN LA TIERRA Y ORAR A TRAVÉS DE NOSOTROS, AUN CUANDO NO ESTEMOS SEGUROS SOBRE QUÉ ORAR.

perdidos en combate y que se había pensado que habían muerto. En el sueño, Dale tenía las manos sobre el alambre de púas, y le dijo: "Fred, dile a mi madre que no estoy muerto, sino que estoy en un campamento para prisioneros de guerra. Dile que si ora, yo viviré y saldré". En el sueño papá dijo: "Yo se lo diré".

Días después, alguien llevó a papá a la iglesia, y habló personalmente con la señora Smith, a quien le contó todo el sueño. La madre comenzó a regocijarse y a creer que el sueño era del Señor. Ella y algunos miembros de la iglesia comenzaron a ayunar y a orar durante varias semanas, sabiendo que su hijo estaba vivo y que regresaría a casa. Mientras tanto, el ejército contactó a la madre y le ofreció una pensión en nombre de su hijo, quien creían que había muerto en batalla. ¡Ella lo rechazó argumentando que creía que él estaba vivo y que Dios lo llevaría a casa!

Algunos meses más tarde, mi papá iba de viaje en un autobús

que se detuvo en una pequeña estación en War, Virginia Occidental. Papá se asombró al leer los titulares del periódico de la ciudad que decían: "Dos hombres de Virginia liberados en intercambio de prisioneros de Pyongyang". ¡Papá tomó el periódico y ahí venían las fotografías de Dale Smith y C. M. Morgan de cuando cursaron la escuela enseñanza media-superior! Ambos fueron liberados y regresaron a Virginia Occidental. El Señor los protegió por *la oración y el ayuno* de los justos.

EL PODER SOBRENATURAL DEL AYUNO

El ayuno era una costumbre importante en el Antiguo y Nuevo Testamentos, y se menciona más de 40 veces en las Escrituras. La oración combinada con el ayuno es una arma poderosa en el arsenal del creyente. En Mateo 17:15-21, Jesús enseñó que algunos tipos de espíritus malignos podían ser echados fuera solamente por medio de la oración y el ayuno, ya que el ayuno puede disminuir la presencia de la incredulidad en la vida de la persona. Existen varias opiniones de lo que realmente constituye un verdadero ayuno, pero por definición, un ayuno es un periodo fijo de tiempo en el que una persona, de manera voluntaria, se abstiene de ingerir alimentos. La definición estricta del término significa "cerrar la boca", evitar comer, y se describe como "afligir" el alma (Salmos 35:13; 69:10).

Cuando una persona comienza un ayuno, a menudo resulta difícil mantenerlo los primeros días, ya que se presentan dolores de cabeza (algunas veces por la abstinencia de cafeína), dolores de hambre y cansancio físico. Por experiencia, a menudo después del tercer día, los dolores de cabeza, los dolores de hambre y otros malestares desaparecen y la persona comienza a sentirse espiritual, emocional y físicamente aliviada y e incluso mejor que antes de empezar el ayuno.

Tanto los cristianos devotos como los judíos practican el ayuno en temporadas diferentes. El pueblo judío tiene varios días de ayuno anuales. Entre estos se encuentran:

- El ayuno del primogénito, para conmemorar la salvación de los primogénitos en Egipto.
- El 7 de Tamuz, el día en que se conmemora la destrucción del muro de Jerusalén.
- El 9 de Av, para recordar las tragedias del pueblo judío.
- El 10 de Tishrei, en Yom Kippur, el ayuno anual del Día de la Expiación.
- El 10 de Tevet, un ayuno en conmemoración de la caída de Jerusalén.
- El 13 de Adar, el ayuno de Ester en la víspera de Purim.

Al conmemorar acontecimientos por medio del ayuno como lo hacen los judíos, la persona debe cuidar no perder el significado original o el propósito del ayuno. El ayuno debe tener un motivo puro y recto. Cristo reprendió a los fariseos por ayunar para ser vistos delante de los hombres, y de esta manera aparentar ser más espirituales que los demás. Estos hombres hipócritas que pretendían ser moralmente superiores a los demás, demudaban sus rostros poniendo una expresión triste para que la gente al verlos, hablara de ellos como personas de gran humildad y que afligían su alma para acercarse más a Dios (Mateo 6:16-18).

Mi padre y el Dr. T. L. Lowery, dos hombres que fueron mis mentores en el ministerio, practicaban sistemáticamente el ayuno en su ministerio. Papá en sus ayunos siempre recibía una palabra especial del Señor o una interpretación espiritual que necesitaría después. El Dr. Lowery ha ayunado durante 40 días solamente tomando agua. Y también recibió visitaciones sobrenaturales del Señor e instrucciones directas para su vida y ministerio durante y después de un ciclo de ayunos prolongados en su ministerio. En varias ocasiones, Dios les envió mensajeros celestiales a ambos hombres en sueños o visiones para darles la instrucción necesaria y palabras de sabiduría para la situación en la que se encontraban.

El ayuno puede traer ayuda angelical

En Hechos 27, el apóstol Pablo iba en un barco como prisionero junto con 276 pasajeros a bordo. Comenzando el viaje en invierno, el barco se dirigió hacia una violenta tormenta llamada Euroclidón. El barco se sacudía como una hoja en el viento y estaba en peligro de romperse en pedazos. Entre las piedras y la arena movediza, y sin poder ver las estrellas ni la luna durante muchos días, parecía que Pablo y los pasajeros se hundirían en el agua turbulenta. Pablo había estado bajo un *largo ayuno* y *orando* por la intervención de Dios, quien mandó un mensajero celestial para llevarle a Pablo una palabra de aliento:

> Entonces Pablo, como hacía ya mucho que no comíamos, puesto en pie en medio de ellos, dijo: Habría sido por cierto conveniente, oh varones, haberme oído, y no zarpar de Creta tan sólo para recibir este perjuicio y pérdida. Pero ahora os exhorto a tener buen ánimo, pues no habrá ninguna pérdida de vida entre vosotros, sino solamente de la nave. Porque esta noche ha estado conmigo el ángel

del Dios de quien soy y a quien sirvo, diciendo: Pablo, no
temas; es necesario que comparezcas ante César; y he aquí,
Dios te ha concedido todos los que navegan contigo.

—HECHOS 27:21-24

En medio de una tormenta amenazante, Dios le envió a
Pablo un mensajero angelical para hacerle saber que el barco
naufragaría, pero que ninguno de los 276 pasajeros, muchos
de los cuales eran prisioneros, moriría en el proceso.

Después de que Cristo fue bautizado por Juan en el río
Jordán, fue dirigido por el Espíritu Santo a pasar algunos días
en soledad, ayunando y orando (Mateo 4). Después de 40
días, el tentador (Satanás) vino y comenzó a acosar a Cristo,
exigiéndole que comprobara que era el hijo de Dios. La tentación implicaba tres aspectos:

- *Los deseos de la carne:* haz que las piedras se
  conviertan en pan.
- *Los deseos de los ojos:* échate abajo del pináculo
  del Templo para que los ángeles te rescaten.
- *La vanagloria de la vida:* póstrate y adora a
  Satanás, y él te dará los reinos del mundo.

Después del ayuno y la tentación de Satanás, Cristo estaba
físicamente débil y el Padre celestial envió ángeles para servirle
personalmente:

El diablo entonces le dejó; y he aquí vinieron ángeles y
le servían.

—MATEO 4:11

Hacia el final del ministerio de Cristo, cuando se encontraba
en agonía en el jardín de Getsemaní, podemos leer: "Y se le

apareció un ángel del cielo para fortalecerle" (Lucas 22:43). Por lo tanto, durante los dos momentos más estresantes de la vida de Cristo —los 40 días de ayuno y los momentos previos a su crucifixión— Dios comisionó ángeles para ayudarlo y fortalecerlo personalmente. Esta fortaleza incluiría no solamente fuerza física, sino también emocional y espiritual.

Durante los principios de mi ministerio, vivía lo que llamaba una "vida de ayuno". En lugar de comer a lo largo de la semana y seleccionar un día específico de ayuno, generalmente pasaba días sin comer, o solamente comía una vez al día para mantener la fuerza. Cuando ayunaba, mis *sentidos* espirituales estaban más despiertos y agudos, y yo podía discernir lo bueno de lo malo de manera más clara. También podía percibir cuando había una estrategia del enemigo o algún tipo de peligro delante.

Una madrugada, salí de Northport, Alabama, y estaba haciendo el viaje en automóvil de cuatro horas a Mississippi. Recuerdo haber estado muy fatigado y haber sentido mis ojos pesados varias veces. Puse música y baje la ventana para ayudarme a permanecer despierto. Sin darme cuenta, me adormecí y de pronto, lo que yo sentí como una mano de un hombre, me golpeó detrás de los hombros. La repentina *palmada* no me dolió, pero me aventó hacia adelante, despertándome. Sin darme cuenta, ya había cruzado la línea e iba directo a la base del puente de una carretera interestatal, tenía una fracción de segundo para desviar el automóvil, y apenas evité chocar de frente con la base de concreto. Comencé a llorar porque no había nadie más en el automóvil y sabía que el Señor había enviado un mensajero celestial a mi favor para protegerme.

El ayuno es como un imán que atrae su alma y su espíritu hacia el plano celestial. Isaías escribió acerca del poder del ayuno y reveló que el ayuno puede "desatar las ligaduras de impiedad, soltar las cargas de opresión, y dejar ir libres a los quebrantados, y que rompáis todo yugo" (Isaías 58:6). En el versículo 8, Isaías predijo:

> Entonces nacerá tu luz como el alba, y tu salvación se dejará ver pronto; e irá tu justicia delante de ti, y la gloria de Jehová será tu retaguardia.

Observe cómo Dios será su "retaguardia". En los otros cinco versículos bíblicos donde se utiliza la palabra retaguardia se refiere a las personas asignadas a proteger la parte trasera o un flanco del campamento, o también a la retaguardia de un ejército. Cuando ayunamos y buscamos a Dios con gran seriedad, Él protege nuestra retaguardia. ¡Él puede impedirle al enemigo hacer "un ataque furtivo" que nos tome desprevenidos!

En el antiguo Israel, el ejército sirio preparaba planes secretos contra Israel y Dios le revelaba a Eliseo la estrategia, advirtiéndole así a Israel y de esta manera evitaba que los ataques surtieran efecto. El líder sirio descubrió la vida de oración de Eliseo y envió un ejército para capturar al profeta. Una mañana, el profeta y su siervo estaban en la cima de un monte y vieron a un enorme ejército que avanzaba y rodeaba su monte. Las Escrituras revelan que Eliseo estaba rodeado de "gente de a caballo, y de carros de fuego" (2 Reyes 6:17). Este es un ejemplo de Dios actuando como nuestra retaguardia y protegiendo nuestras espaldas.

Por lo tanto, el ayuno no solamente termina con la incredulidad, renueva nuestra fe y puede aumentar el nivel de la presencia de Dios que rompe los yugos y las ligaduras, sino que también ayuda a formar un vallado protector que nos rodeará.

LOS ÁNGELES Y LA SALVACIÓN DE LA FAMILIA

Creo que los ángeles también pueden intervenir en la salvación de la familia. Los ángeles no pueden dar salvación, solamente Cristo pude hacerlo; sin embargo, los ángeles pueden ayudar a conectar a un creyente con un no creyente, dando de esta manera una oportunidad a la persona que no es salva, para escuchar y recibir un mensaje claro del evangelio.

Este fue el caso en Hechos 10. Cornelio era de ascendencia italiana y un centurión del ejército romano. Es identificado como un hombre "piadoso y temeroso de Dios con toda su casa, y que hacía muchas limosnas al pueblo, y oraba a Dios siempre" (Hechos 10:1-2). Durante su tiempo de oración en la novena hora del día, recibió una visión de un ángel que le decía: "Tus oraciones y tus limosnas (darle a los pobres) han subido para memoria delante de Dios" (v. 4). ¿Qué quiere decir exactamente esta afirmación?

Debemos explorar el templo celestial revelado en el libro de Apocalipsis, para entender esta afirmación. Existen muchos ángeles en la ciudad celestial que son llamados "la compañía de muchos millares de ángeles" (Hebreos 12:22). Sin embargo, existen algunos ángeles a quienes les son dadas misiones específicas. Hay un ángel con poder sobre el fuego (Apocalipsis 14:18) y un ángel que recibió las llaves del abismo (Apocalipsis 9:1). Podemos leer acerca de un ángel que ofrece incienso ante el altar de oro en el cielo (Apocalipsis 8:3-5). El altar de oro en el templo terrenal era el lugar en donde el sacerdote quemaba el incienso cada mañana, representando las oraciones del pueblo hebreo que ascendían a Dios. El salmista escribió: "Suba mi oración delante de ti como el incienso [...]" (Salmos 141:2). Existen por lo menos 11 tipos diferentes de oraciones registradas en el Nuevo Testamento:

1. Oración de confesión de pecados: 1 Juan 1:9
2. Oración de confesión de faltas: Santiago 5:16
3. Oración de acuerdo: Mateo 18:19
4. Oración de fe por los enfermos: Santiago 5:15
5. Oración para atar: Mateo 16:19
6. Oración para desatar: Mateo 16:19
7. Oración en el Espíritu: Efesios 6:18
8. Oración en el Espíritu y con el entendimiento: 1 Corintios 14:15
9. Oración de acción de gracias: Filipenses 4:6
10. Oración de intercesión: 1 Timoteo 2:1
11. Oración para súplicas en general: Filipenses 4:6

Cuando oramos, nuestras palabras se almacenan en copas de oro en el cielo:

> Y cuando hubo tomado el libro, los cuatro seres vivientes y los veinticuatro ancianos se postraron delante del Cordero; todos tenían arpas, y copas de oro llenas de incienso, que son las oraciones de los santos.
>
> —APOCALIPSIS 5:8

Debe animarnos mucho el hecho de que las palabras de nuestras oraciones no flotan por toda la galaxia para después ser tomadas al azar de entre el espacio estrellado, para convertirnos en los "suertudos" en caso de que sean contestadas.

¡Nuestras palabras son almacenadas en copas especiales en el templo celestial ante el trono mismo del Creador eterno!

En el caso de Cornelio, el fiel siervo de Dios había mezclado la oración y el dar; y sus palabras y acciones han subido para memorial delante de Dios (Hechos 10:4). ¿Qué es un memorial? En este contexto, la palabra significa: "Mantener viva la memoria de algo o alguien". Es una señal establecida para recordar algo.

El profeta Malaquías escribió acerca de un libro especial en el cielo que contenía los nombres de personas justas llamado *libro de memoria*.

> Entonces los que temían a Jehová hablaron cada uno a su compañero; y Jehová escuchó y oyó, y fue escrito libro de memoria delante de él para los que temen a Jehová, y para los que piensan en su nombre.
> —MALAQUÍAS 3:16

Sabemos que existen muchos libros en el cielo que contienen nombres, tal como el libro de la vida (Apocalipsis 3:5). Este libro especial de memoria es para los que temen al Señor y está relacionado con dar finanzas (vea Malaquías 3). ¡El memorial que estaba en el cielo pudo haber sido este libro de memoria con el nombre de Cornelio escrito en él! Dios observaba a Cornelio mientras oraba y daba, y estaba *marcándolo* a él y a toda su familia para darles una bendición espiritual especial.

El ángel apareció en esta visión y conectó a este hombre italiano con el apóstol Pedro. Fue que Pedro, un judío, entró en la casa de esta familia de gentiles y les dio a conocer el evangelio lo que permitió que Cornelio viera a su familia recibir la plenitud del Espíritu (Hechos 10:34-47). Como judío, Pedro en ese tiempo tenía un gran prejuicio en contra de los gentiles. Aun así, Dios le dio una visión a Pedro para prepararlo para su encuentro con esta familia gentil (Hechos 10:11-20). Dios había marcado la casa de estos gentiles para dar una bendición especial y el ángel trajo al hombre correcto en el tiempo oportuno.

Muchos creyentes tienen familiares que están fuera del pacto de la fe y que no tienen una relación con Cristo. Los creyentes están preocupados por el destino eterno de estas personas. A menudo, ellos intentarán alcanzar a la persona no conversa con amor, compasión e información espiritual, pero a cambio son evitados o rechazados a causa de la incredulidad.

Nuestra primera preocupación es su protección. Día a día, las personas mueren de sobredosis de drogas, abuso del alcohol, accidentes fatales e insuficiencia cardiaca. Un hombre me dijo que su hijo, de alrededor de veinte años, consumía drogas y tenía un estilo de vida peligroso. Me dijo: "Siempre he escuchado que en determinado momento su habilidad para hacer buenos juicios se desarrollará en su cerebro; espero que así sea, porque estoy orando para que se mantenga con vida el tiempo suficiente como para apartarse de sus caminos destructivos".

Cuando una persona está en pacto con Dios, puede interceder a favor de su familiar porque lleva su nombre y su linaje. Dios estuvo dispuesto a salvar a Lot, porque Abraham y él eran parientes consanguíneos, y cualquiera que llevara la sangre de Abraham, podía recibir el favor especial de Dios como fruto de la intercesión. Cuando Pablo habló de los espíritus ministradores (los ángeles), dijo:

> ¿No son todos espíritus ministradores enviados para servicio a favor de los que serán herederos de la salvación?
> —HEBREOS 1:14

Otras dos traducciones dicen:

> ¿No son todos los ángeles espíritus dedicados al servicio divino, enviados para ayudar a los que han de heredar la salvación?
>
> —HEBREOS 1:14, NVI

> ¿No son todos ellos espíritus ministradores, enviados para servir por causa de los que heredarán la salvación?
>
> —HEBREOS 1:14, LBLA

Al leer estas tres traducciones, uno puede pensar que este pasaje no solamente quiere decir que los ángeles ayudan a los creyentes, sino que están comisionados en servicio de Dios para aquellos que heredarán (en el futuro) la salvación. Si usted tiene un familiar inconverso, pídale al Señor que mande un mensajero celestial para protegerlo de una muerte prematura, y que lo conecte con un creyente que pueda mostrarle de manera clara el mensaje del evangelio. Muchas personas son ganadas para Cristo por medio del testimonio de un amigo cercano o de un colega del trabajo.

Hace años, una madre sentía carga porque su hijo se estaba relacionando con la gente incorrecta. Aunque había sido criado en la iglesia, se estaba separando de las enseñanzas de su infancia y yéndose hacia un mundo peligroso de drogas y alcohol. Fui inspirado para decirle que orara a Dios para que le mandara a su hijo una "conexión del Reino", posiblemente una novia o un amigo que fuera un creyente fuerte y que lo pudiera llevar de nuevo a la verdad. Le sugerí que le pidiera a Dios que mandara un ángel del Señor para que se encargara de hacer esta conexión. Meses después, ella vino conmigo llena de gozo, diciéndome que su hijo había conocido a una chica cristiana y que ahora iba a la iglesia con ella, ¡y que se había separado de las malas influencias!

Jamás debemos subestimar el poder y la influencia de estos espíritus ministradores que pueden ser comisionados para conectar a la gente y proteger a nuestra familia.

¿ENTONCES POR QUÉ SUCEDEN TRAGEDIAS?

Si Dios protege a la gente, ¿entonces por qué suceden tragedias? A principios de la década de 1990, fui un invitado a dar una entrevista en un programa semanal cristiano internacional. El invitado anterior a mi intervención en vivo había relatado una historia conmovedora de cómo su hijo amado había muerto en un accidente que tenía que ver con lanzarse en paracaídas de un avión. Debo confesar que me sentí incómodo porque yo, el siguiente invitado, comencé a compartir del poder protector de Dios y el ministerio de los ángeles. Pude ver de reojo rápidamente a los padres, y me di cuenta de que en lugar de verse frustrados o enojados, estaban asintiendo. Entonces me di cuenta de una gran verdad: tener una experiencia negativa en la vida, no cancela las promesas de las Escrituras. Sin embargo, este tipo de *contradicción* se desarrolla cuando alguien pregunta: "Si Dios sana, ¿por qué murió mi hijo?", o: "Si Dios puede protegernos, ¿por qué tuvo un accidente automovilístico esta familia cristiana?".

Este tipo de preguntas es común, especialmente cuando una tragedia o una muerte prematura golpea a una familia. Aun así, en las Escrituras hay varios sucesos en la vida de los profetas y de los apóstoles que son una paradoja extraña. El primero involucra a Eliseo. Este gran hombre de Dios era el ministro personal de Elías, varios meses antes de la partida sobrenatural de Elías al cielo. Fue Eliseo quien siguió a Elías cruzando el río Jordán y pidió que se le transfiriera una "una doble porción de su espíritu" (2 Reyes 2:9). ¡La petición especial fue contestada y Eliseo no solamente recibió una doble porción, sino que también hizo el doble de milagros que hizo Elías! De hecho, Eliseo estaba tan lleno del Espíritu Santo de Dios, que muchos años después de su muerte, un soldado muerto fue arrojado a su tumba y los huesos de Eliseo levantaron de la muerte al soldado (2 Reyes 13:21).

Con todo este "poder" que permanecía en Eliseo, debía estar exento de la enfermedad y vivir una larga, larga vida. Sin embargo, este versículo muestra cómo murió:

> Estaba Eliseo enfermo de la enfermedad de que murió.
> —2 REYES 13:14

¿Cómo es que un profeta con tanta unción cuyos huesos secos podían levantar a un hombre de la muerte, podía enfermarse? ¿Qué la unción del Espíritu Santo no echaría fuera la enfermedad? Mientras explicamos esto, debemos recordar que somos *cuerpo, alma* y *espíritu* (1 Tesalonisenses 5:23). El cuerpo envejecerá y solamente tenemos prometidos unos cuantos años de vida (Salmos 90:10). Una vez que hayamos alcanzado nuestro número completo de días, moriremos, como lo dicen las Escrituras: "Y de la manera que está establecido para los hombres que mueran una sola vez, y después de esto el juicio" (Hebreos 9:27). Nuestra partida será por una de estas cosas o por una combinación de varias de ellas: por causas naturales (que nuestro corazón simplemente se detenga), por algún tipo de padecimiento o por algún accidente.

Existe un error entre algunos que piensan que la preciosa unción del Espíritu Santo eximirá de alguna manera a un creyente de ataques personales, o de algún tipo de enfermedad o padecimiento. David fue ungido en tres ocasiones diferentes: primero cuando era adolescente, después cuando iba a convertirse en rey de Judá y finalmente como rey de Israel. Samuel vertió el precioso aceite sobre David, y aun después de años de confrontaciones con Saúl, David escribió: "Y yo débil soy hoy, aunque ungido rey" (2 Samuel 3:39).

La unción del Espíritu Santo a menudo llama la atención del reino de las tinieblas. Cuando Cristo fue bautizado en agua, el Espíritu Santo vino sobre Él. Inmediatamente, fue llevado al desierto en donde se encontró con Satanás en un conflicto que duró 40 días (Mateo 4:1-2). Así como David fue ungido y las muchas batallas trajeron debilidad a su mente y cuerpo, Cristo fue ungido, y, sin embargo, la unción no impidió que la tentación viniera en contra de su mente. Eliseo estaba ungido y, sin embargo, murió enfermo. Es una paradoja extraña.

Un segundo ejemplo se encuentra en el libro de los Hechos. El rey Herodes arrestó a Jacobo y después lo mandó decapitar. Pedro fue arrestado, puesto en prisión y el plan era decapitarlo después de la Pascua (Hechos 12). La iglesia escuchó del aprieto de Pedro y del peligro en el que se encontraba su vida, y sostuvieron reuniones de oración continua durante toda la noche. Gracias a su intercesión, un ángel del Señor fue comisionado para ir a la prisión en donde Pedro estaba encadenado y lo liberó de la cárcel. De hecho, Pedro pensó que estaba soñando o teniendo una visión, hasta que se encontró fuera de los muros de la prisión (Hechos 12:5-11).

He aquí la paradoja. ¿Por qué Dios permitió que Jacobo

fuera decapitado y Pedro no? He sugerido dos razones. En primer lugar, Jesús ya había predicho que Pedro viviría para ser un hombre viejo, y en el momento de su arresto todavía era un ministro joven (Juan 21:18); por lo cual, Pedro podía dormir tranquilo sabiendo que su tiempo designado no había llegado aún. En segundo lugar, una vez que la iglesia escuchó de la muerte de Jacobo y del arresto de Pedro, ellos hacían "sin cesar oración a Dios" por la libertad de Pedro (Hechos 12:5). Estas oraciones fueron escuchadas y el mensajero celestial liberó sobrenaturalmente a Pedro de su sentencia de muerte. Tanto Jacobo como Pedro eran líderes de la iglesia, y, sin embargo, uno fue muerto y el otro fue salvo.

Actualmente sucede lo mismo. Personas buenas que tienen una relación con Cristo son llevadas al cielo por medio de accidentes, enfermedades y otras tragedias.

Debemos recordar que las muchas promesas en la Palabra de Dios, no están activadas en su vida personal solamente por estar registradas en la Santa Biblia. Por ejemplo, podemos leer que de tal manera amó Dios al mundo, que dio a su hijo unigénito para morir por nosotros (Juan 3:16). Sin embargo, una persona no es salva automáticamente porque este versículo se encuentra en la Biblia. La persona debe creer con su corazón y confesar con su boca al Señor Cristo Jesús y será salva (ver Romanos 10:13). La salvación ha sido dada, pero puede ser impartida únicamente por medio de la fe y la confesión.

La sanidad es igualmente dada en ambos pactos. Dios le dijo a la nación hebrea: "Yo soy Jehová tu sanador" (Éxodo 15:26). En el Nuevo Testamento, Pedro escribió del sufrimiento de Cristo y declaró: "Por cuya herida fuisteis sanados" (1 Pedro 2:24). En el tiempo de la partida de Israel de Egipto, a los hebreos se les ordenó comer el cordero y marcar la parte externa del marco de su puerta con la sangre del cordero. Más adelante, podemos leer como el ángel de la muerte pasó por las casas de los hebreos, perdonándole la vida a los primogénitos, y la nación entera salió de Egipto y no hubo entre ellos ningún enfermo o débil. Esta fue una imagen del sacrificio perfecto: Jesucristo, cuya sangre trajo redención y cuyo cuerpo (heridas) nos traería sanidad (Isaías 53).

Una vez más, estas promesas de sanidad no impactan a una persona solamente porque Dios las dijo o porque un profeta las escribió. Una persona debe leer o escuchar la Palabra de Dios y creerla, y después pedirle a Dios que cumpla su Palabra en su vida.

Dios nos ha dado acceso a sus ángeles a través de nuestros ayunos y oraciones. Conforme siga leyendo el siguiente capítulo, descubrirá que Dios también ha hecho posible la *intercesión de larga distancia*, al dar a su Hijo, Cristo, como nuestro "mediador celestial".

Capítulo 12

El milagro de la
intercesión a distancia

¿No son todos espíritus ministradores, enviados
para servicio a favor de los que serán herederos
de la salvación?

—Hebreos 1:14

Cuando era niño, me recostaba sobre la cama cerca
de la ventana, y miraba los millares de estrellas brillando
como las luces de un árbol de navidad en el cielo oscuro y
pensaba: "Dios está tan lejos en lo alto; ¿cómo es que puede
escucharme cuando oro?". Estoy seguro de que mucha gente,
no solamente los niños, han pensado esto.

A lo largo del Nuevo Testamento, varios pasajes hacen refe-
rencia a la "intercesión" hecha en nombre de otra persona.
Cristo es nuestro sumo sacerdote celestial que está parado ante
el Padre celestial, "viviendo siempre para interceder por ellos
[nosotros]" (Hebreos 7:25). Como nuestro mediador celestial,
Él nos representa ante Dios, como lo hace un abogado en una
corte. Así como Satanás, el acusador de los hermanos, está ante
la corte celestial para lanzar acusaciones contra el creyente,

Cristo está presente para resistir esas calumniosas acusaciones y presentarnos como inocentes por medio de Su sangre redentora y limpiadora (Apocalipsis 1:5).

Las palabras griegas para "interceder" o "intercesión" en el Nuevo Testamento son interesantes. Pueden tener el significado de encontrarse con una persona para tener una conversación y hacer una petición. Según W. E. Vine, *enteuxis,* una de esas palabras, se utiliza en los antiguos papiros como un término técnico para acercarse al rey (en nombre de alguien más).[1] Las diferentes palabras griegas traducidas como "intercesión" e "intercesiones", se refieren a una persona que se presenta ante Dios en nombre de otra para hacer peticiones al Señor en nombre de esa persona.

> Y de igual manera el Espíritu nos ayuda en nuestra debilidad; pues qué hemos de pedir como conviene, no lo sabemos, pero el Espíritu mismo intercede por nosotros con gemidos indecibles. Mas el que escudriña los corazones sabe cuál es la intención del Espíritu, porque conforme a la voluntad de Dios intercede por los santos.
>
> —ROMANOS 8:26-27

El Espíritu Santo es llamado el "Consolador" (Juan 14:16). Cuando pensamos en un consolador, imaginamos a una persona que nos soba el hombro mientras nos dice: "No te preocupes; todo está bien". La palabra *Consolador* en Juan 14:16 es *parakletos,* que significa uno que va a nuestro lado para ayudar. Una vez más, los comentarios de *Vine:*

> Se usaba en la corte de justicia para denotar a un asesor legal, abogado defensor o un abogado; también uno que generalmente litiga por la causa de otro; un intercesor o un abogado, como se habla en 1 Juan 2:1 del Señor Jesús.[2]

LA INTERCESIÓN ANTIGUA UTILIZADA
POR ABRAHAM Y MOISÉS

El poder de la oración de intercesión no es una nueva revelación del Nuevo Testamento. Era una poderosa arma espiritual usada en el primer pacto en tiempos de Abraham y de Moisés. Ambos entendieron la relación de su pacto con Dios como "hombres de pacto" y la autoridad espiritual que ellos tenían al acercarse al salón del trono celestial y pedirle favores especiales a Dios.

El ejemplo de Abraham

Lot, el sobrino de Abraham, llevó a su familia a la ciudad de Sodoma (Génesis 13:12). La iniquidad de la ciudad llegó al cielo, y Dios se dirigió a la ciudad para destruirla. Abraham había sido señalado como el representante del pacto de Dios en la tierra, y el Todopoderoso no iba a esconder de Abraham el plan de destrucción, ya que un familiar cercano a él vivía en la ciudad. En Génesis 18, Abraham comienza una negociación con Dios en relación con la ciudad de Sodoma. Le pide a Dios que si puede encontrar cincuenta justos que salve la ciudad. El Señor acepta detener la destrucción por cincuenta justos. Las expectativas de Abraham bajan de cincuenta a cuarenta, después a treinta… veinte… y, finalmente se detiene en diez. Si Dios encuentra diez justos, ¿salvaría a la ciudad? El Señor aceptó salvar a Sodoma por diez justos (vea Génesis 18).

La destrucción prosiguió porque Dios no pudo encontrar diez; solamente encontró cuatro: Lot, su esposa y sus dos hijas (Génesis 19:16). ¿Por qué Abraham se detuvo en el número diez y no en el cuatro? Porque Lot tenía yernos que no abandonaron la ciudad porque no creyeron que venía la destrucción:

> Entonces salió Lot y habló a sus yernos, los que habían
> de tomar sus hijas, y les dijo: Levantaos, salid de este
> lugar; porque Jehová va a destruir esta ciudad. Más
> pareció a sus yernos como que se burlaba.
>
> —Génesis 19:14

Cuando el sol salió sobre la tierra, el juicio exaltado de Dios destruyó las ciudades de la llanura. Aunque se le advirtió no hacerlo, la esposa de Lot miró hacia atrás y como consecuencia murió. Creo que miró hacia atrás porque sabía que estaba perdiendo a sus yernos en la destrucción de la ciudad (Génesis 19:26). La intercesión de Abraham evitó la muerte de Lot y de sus hijas. ¡Se necesitó un hombre que entendiera su relación de pacto con Dios para ponerse en la brecha por esta familia y evitar su muerte prematura!

Después de que Abraham intercedió por Lot en el capítulo 18, podemos leer en el capítulo 19 que Dios comisionó a dos ángeles en forma de hombres para ir a la ciudad a avisarle a Lot, y sacarlo de la ciudad antes de que la ira de Dios golpeara el malvado lugar (Génesis 19:1). Este versículo indica que los ángeles pueden aparecer en forma de hombre y traer la protección de un mensaje de Dios. Pablo se refirió a esto en Hebreos al decir:

> No os olvidéis de la hospitalidad, porque por ella algunos, sin saberlo, hospedaron ángeles.
>
> —Hebreos 13:2

El ejemplo de Moisés

El segundo ejemplo más grande de intercesión sucedió después de que Moisés recibió la ley en el monte y, después de cuarenta días, regresó al campamento de Israel y encontró que la gente estaba adorando un ídolo en forma de un becerro de oro.

Dios, en su enojo, estaba determinado a destruir a Israel y levantar una nueva nación a través de Moisés:

> Entonces Jehová dijo a Moisés: Anda, desciende, porque tu pueblo que sacaste de la tierra de Egipto se ha corrompido. Pronto se han apartado del camino que yo les mandé; se han hecho un becerro de fundición, y lo han adorado, y le han ofrecido sacrificios, y han dicho: Israel estos son tus dioses, que te sacaron de la tierra de Egipto. Dijo más Jehová a Moisés: Yo he visto a este pueblo, que por cierto es pueblo de dura cerviz. Ahora, pues, déjame que encienda mi ira en ellos, y los consuma; y de ti yo haré una nación grande. Entonces Moisés oró en presencia de Jehová su Dios, y dijo: Oh Jehová, ¿por qué se encenderá tu furor contra tu pueblo, que tú sacaste de la tierra de Egipto con gran poder y con mano fuerte? ¿Por qué han de hablar los egipcios diciendo: Para mal los sacó, para matarlos en los montes, y para raerlos sobre la faz de la tierra? Vuélvete del ardor de tu ira, y arrepiéntete de este mal contra tu pueblo. Acuérdate de Abraham, de Isaac y de Israel tus siervos, a los cuales has jurado por ti mismo, y les has dicho: Yo multiplicaré vuestra descendencia como las estrellas del cielo, y daré a vuestra descendencia toda esta tierra de que te he hablado y la tomarán por heredad para siempre. Entonces Jehová se arrepintió del mal que dijo que había de hacer a su pueblo.
>
> —Éxodo 32:7-14

Moisés entendió que el Todopoderoso había hecho un juramento a Abraham de que sus descendientes serían una gran nación. Desde la promesa de Abraham hasta el Éxodo pasaron cuatrocientos treinta años (Éxodo 12:40). Durante este tiempo, la nación de Israel creció de un hombre, Abraham, a más de seiscientos mil hombres de guerra (Éxodo 12:37). Por su idolatría, Dios estaba dispuesto a destruir a estos seiscientos mil hombres junto con sus mujeres y niños. Moisés sabía que Dios era fiel a su pacto y le recordó a Dios su acuerdo eterno con Abraham. Dios "transigió" o cambió su parecer, y revirtió su decisión con respecto a la nación hebrea.

Este es un ejemplo dinámico de un humano intercediendo en nombre de otro. En muchos casos, la intercesión está relacionada con evitar un peligro o incluso la muerte prematura que podría venir sobre una persona. Ha habido varias ocasiones en mi vida en las que la intercesión salvó mi propia vida.

ASIDO DE UNA CUENCA VOLCÁNICA

A finales de la década de 1980, viajé al Parque Nacional del Lago del Cráter en Oregón con Keith Dudley, un amigo cercano. Hay una isla a la mitad del Lago del Cráter llamada la isla Wizard. Un bote nos llevó a un pequeño muelle, donde comenzamos una larga subida zigzagueante hacia la cima de esta pequeña isla volcánica. El tiempo de tomar el último bote para recoger gente en la isla estaba cerca, y tuve una brillante idea: en lugar de caminar por el sendero normal de bajada, yo descendería por el lado trasero del volcán y exploraría el área. Era una pendiente bastante empinada y alta, y yo iba bajando caminando de lado con una mochila de siete kilogramos.

Llegué a una zona en la que la lava había corrido siglos atrás desde la punta hasta la base el volcán extinto. No me di cuenta de cuán resbaloso era. Caí y comencé a rodar. Sabía que había roca puntiaguda y filosa abajo, y que si seguía rodando caería en la roca rompiéndome los huesos y, posiblemente, matándome. Grité: "¡Dios, ayúdame!". De pronto, me detuve, cabeza abajo sobre mi estómago. Me recosté ahí, consciente de que si me movía, seguiría resbalándome hacia abajo. Cada vez que intentaba moverme, me resbalaba e intentaba frenéticamente enterrar mis dedos en la tierra. Solamente había rocas resbalosas y lodo, y realmente no había nada de donde asirse; no había arbustos, árboles ni ramas. Un miedo total se apoderó de mí, y por primera vez, entendí qué era sentir un "espíritu de muerte". Estaba angustiado, sin saber cómo cruzar por el ancho y estéril lugar hacia los grandes árboles que crecían del otro lado. Mientras oraba y rogaba al Señor por su ayuda, vi un pequeño pedazo de madera de veinte centímetros de largo cerca de mi mano derecha. Pensé en tomar el palo y presionarlo sobre la roca para que me ayudara a levantarme. Lo tomé con mi mano derecha y de pronto comencé a resbalar de nuevo. Al empujar el palo contra la roca, sostuvo el peso de mi cuerpo. Utilizando este método, finalmente pude llegar al otro lado, y pasar el área peligrosa, ancha y estéril.

Cuando finalmente llegue al muelle, Keith me dijo: —¿Qué pasó, amigo? ¡Ya me estaba preocupando por ti!

Le dije: —¡El Señor literalmente me salvó de la muerte!

Cuando regresé a casa, mi padre me llamó por teléfono y comenzó a cuestionarme: —Perry, ¿en dónde estabas el jueves a las seis aproximadamente?

Le pregunté por qué, y él respondió: —Iba manejando con tu madre por Knoxville, Tennessee, y sentí una carga sumamente fuerte de que tu vida estaba en gran peligro. Comencé a orar en el Espíritu durante cerca de una hora, antes de poder sentir algún alivio.

Le dije que había sido el jueves que yo me estaba deslizando por el lado resbaladizo de la isla volcánica, y mi vida estaba literalmente *pendiendo de un hilo*. Pero la hora no era la misma; él dijo que eran las seis, y de acuerdo con mi reloj, eran las tres de la tarde cuando estaba del lado equivocado del volcán. ¡Después me di cuenta de que las seis en el tiempo de la costa este, son en realidad las tres en el tiempo de la costa oeste!

En realidad, estuve luchando cerca de una hora, intentando cruzar esa área ancha, y mi papá estuvo en intercesión durante una hora. Creo que el Señor me dio una "palabra de sabiduría" al usar un palo de veinte centímetros para ayudarme en esta lucha. Reconozco las oraciones de papá, que me dieron la fuerza de Dios y evitaron que sucediera una situación peligrosa.

DANIEL Y EL ÁNGEL

Los eruditos creen que el profeta hebreo Daniel era simplemente un adolescente cuando fue tomado cautivo y llevado a Babilonia. Daniel y sus compañeros hebreos estaban tan en comunión con Dios por medio de la oración, que cuando David fue echado a los leones, el Señor evitó que las bestias salvajes devoraran al hombre de Dios. Un ángel del Señor salvó la vida de Daniel, ya que "cerró la boca de los leones" (Daniel 6:22). Cuando Daniel y sus tres compañeros fueron lanzados al horno de fuego, también fueron salvos de la violencia de las llamas por un ser sobrenatural, identificado como un cuarto hombre, cuya apariencia era como la del Hijo de Dios (Daniel 3:25). Los ángeles estuvieron muy activos en el pueblo hebreo durante sus setenta años de cautividad en Babilonia.

Daniel, finalmente, llegó a ser un anciano y no pudo regresar a Israel con los miles de hebreos que se fueron de Babilonia para regresar a su patria. Esto fue durante el tiempo de una transición política, cuando los medos y los persas derrocaron a los babilonios, y Daniel permaneció en el poder bajo la nueva administración.

Durante este tiempo fue que Daniel recibió una visión profética relacionada con el final de los tiempos, y no pudo recibir un entendimiento celestial de esta revelación importante. Comenzó un ayuno personal de veintiún días, y un ángel del Señor le apareció. El ángel le reveló que desde el primer día que Daniel oró por entendimiento, Dios había escuchado su oración, pero un poderoso espíritu maligno llamado el "príncipe del reino de Persia" (Daniel 10:13) había detenido al ángel del Señor de proceder a Babilonia y revelarle a Daniel el entendimiento de la visión. Por lo cual, hubo una batalla en el segundo cielo entre un ángel del Señor y un principado de Satanás (Efesios 6:12).

Hace años, mientras estudiaba este acontecimiento en Daniel 10, me pregunté por qué cuando Daniel y sus compañeros oraron de jóvenes, en menos de veinticuatro horas los mensajeros angelicales intervinieron a su favor, y ahora que Daniel era mayor, al parecer hubo una batalla más intensa en el cielo atmosférico sobre Babilonia. Después de explorar las Escrituras y estudiar la historia de ese tiempo, sugiero tres posibilidades de por qué las oraciones fueron obstaculizadas.

Primero, la base de oración había menguado. Después de que Darío y Ciro derrocaron al rey de Babilonia, se les permitió a los judíos por medio de un decreto que regresaran a Israel. Esdras capítulo 2, da los nombres y el número de los judíos que regresaron de la cautividad babilónica, y revela que salieron 42,360 personas de Babilonia y regresaron a Israel (Esdras 2:64). Esta salida de gente piadosa, sería similar a un éxodo masivo de una mega iglesia que tiene 15,000 fieles y que de pronto pierde 14,500 miembros. La base de oración se vería afectada. Existe cierto poder en la unidad y cierta fuerza en los números, como en: "Podría perseguir uno a mil, y dos hacer huir a diez mil" (Deuteronomio 32:30). Cuando la guerra espiritual aumenta, debe incrementar el apoyo de oración. Nuestro ministerio tiene una base de oración grande llamada "Las hijas de Raquel" con mil quinientas mujeres intercesoras que oran continuamente por nuestro ministerio y por nosotros. Muchos ministerios grandes cometieron el error de que al crecer se concentraron en los negocios y las actividades del ministerio y no en construir un cimiento fuerte de oración que forma las columnas de fuerza que sostienen el edificio.

En segundo lugar, Daniel ya estaba más viejo, posiblemente tenía noventa años. Una persona más joven, tiene más fuerza que una persona anciana. Cuando David era un adolescente, siempre estaba corriendo. Corrió hacia la línea de batalla para encontrarse con el filisteo, y corrió para cortar la cabeza de Goliat (1 Samuel 10:23; 17:22, 48). David peleó muchas batallas, y en la última parte de su vida (después de los cincuenta años) entró en batalla con otro gigante, batalla durante la cual David estuvo cerca de la muerte cuando su enemigo quiso estrenar su espada nueva (2 Samuel 21:16). Corrió a la batalla en su adolescencia y casi huyó de la batalla en sus últimos años. Daniel estaba entrado en años, y el ayuno de veintiún días lo dejó débil (Daniel 10:8). Mi padre tiene setenta y seis años de edad, y me ha dicho que como su cuerpo físico ya está muy cansado, algunas veces le es difícil tener largos tiempos de oración como solía hacerlo cuando era más joven.

En tercer lugar, hubo un cambio en el gobierno de Babilonia.

Pablo escribió que no peleamos contra carne ni sangre, sino contra "principados", que son espíritus fuertes que controlan naciones. A Daniel se le dijo que el "príncipe del reino de Persia" era el que estaba obstruyendo la respuesta a su oración, y el ángel le reveló que en el futuro otro príncipe llamado "el príncipe de Grecia" vendría (Daniel 10:13, 20). Estos eran espíritus satánicos que dominaban la atmósfera de Persia y de Grecia y que intervendrían en guerras espirituales relacionadas con los imperios de Grecia y de Persia. Cuando hay un cambio importante en el liderazgo de un gobierno, a menudo hay una transición de poderes espirituales que controlan la atmósfera de esa parte del mundo. Incluso durante la tentación de Cristo, Satanás le ofreció a Jesús los reinos del mundo si lo adoraba. Satanás dijo: "A mí me ha sido entregada, y a quien quiero la doy" (Lucas 4:6). Los medos y los persas derrocaron Babilonia en una noche, y produjeron un nuevo poder espiritual en la atmósfera de Babilonia. Sin duda, Daniel estaba luchando contra poderes espirituales que estaban eclipsando la atmósfera de la ciudad.

¡Sin embargo, por favor, observe que Dios le mandó a Daniel un ángel del Señor después de su ayuno de tres semanas! Una vez más, vemos el ministerio de los ángeles en acción en la vida de aquellos que conocen y practican el poder de la oración y la intercesión. El poder de la intercesión no solamente yace en el hecho de que Dios escucha nuestras oraciones, sino también en el hecho de que la distancia es insignificante cuando se habla de oración. ¡Nuestras oraciones no solamente salen de la tierra y se van verticalmente hacia arriba al cielo, sino que también tienen un efecto horizontal, ya que el Señor nos responde y estira sus brazos alrededor de la tierra para encontrar a la persona por la que estamos orando!

UNA PALABRA FINAL

En este libro, usted descubrió el poder sobrenatural del desconocido pacto de Mizpa para establecer la *puerta del cielo* en la vida de su familia —como en la de Jacob— que les permitirá a los ángeles de Dios ascender y descender del cielo para proporcionarle protección a su familia. El ángel del Señor siguió cuidando a Jacob y a su familia y a los hijos de Israel cuando dejaron la esclavitud de Egipto e hicieron su viaje de cuarenta años hacia la Tierra Prometida que Dios les había dado.

El ángel del Señor ha cuidado a los hijos de Dios a lo largo de los años, desde tiempos bíblicos. Los ángeles de Dios están en una misión enviados por Dios mismo, de manera que mientras usted camina humildemente y en obediencia ante Dios, sus ángeles lo protegerán y lo defenderán a usted y a los miembros de su familia. Cristo mismo está ante el Padre celestial para interceder a su favor mientras el Espíritu Santo viene a su lado para consolarlo y orar a través de usted, aun cuando no esté seguro de por qué orar. ¡Usted y su preciosa familia están en buenas manos! Recuerde que Dios mismo le ha dado acceso a sus ángeles a través del ayuno y la oración que haga con diligencia. El ayuno crea un cerco de protección sobrenatural alrededor de usted y su familia, y sus oraciones activan a los ángeles guardianes de su hogar. El poder de su intercesión supera las barreras de la distancia, y los ángeles oyen su llamado y se apresuran a ayudarlo.

Establezca este pacto sorprendente en su vida hoy, y comience a experimentar las bendiciones de una relación de pacto con Dios.

Notas

CAPÍTULO 4
MIZPA Y EL ÁNGEL DEL PACTO
1. Versión PDF en línea de *The Book of Jasher* [El libro de Jaser] (Salt Lake City, UT: J. H. Parry & Sons, 1887), http//www.dubroom .org/download/pdf/ebooks/the_book_of_jasher.pdf (consultado el 30 de enero de 2009).

CAPÍTULO 9
LOS ÁNGELES Y EL PACTO DE MIZPA
1. Perry Stone Jr., *Putting On Your God Gear* [Póngase el equipo de Dios] (Cleveland, TN: Voice of Evangelism, 2007), 73-75.

CAPÍTULO 10
EL PACTO EN EL UMBRAL
1. "Inanna", *Encyclopedia Mythica* de Encyclopedia Mythica Online, http://www.pantheon.org/articles/i/inanna.html (consultado el 27 de marzo de 2009).

2. "Nergal: Lord of the Underworld" [Nergal: Señor del inframundo], http://www.gatewaystobabylon.com/gods/lords/undernergal.html (consultado el 19 de febrero de 2009).

3. "Sin-Moon God in 2100 B.C." [Dios Sin-Moon en 2100 a.C.], http://www.bible.ca/islam/islam-photos-moon-worship -archealolgy.htm (consultado el 19 de febrero de 2009).

4. Flavio Josefo; *Antigüedades de los judíos,* libro 1, capítulo XIX.

CAPÍTULO 12
EL MILAGRO DE LA INTERCESIÓN A DISTANCIA
1. W. E. Vine, *Diccionario Expositivo de palabras del Nuevo Testamento* (Nashville, TN: Thomas Nelson, 1997), 216.

2. Ibídem, 200.